广东省教育科学"十三五"规划
2019年度重点课题"'生疑—绽思—活用'进阶教学模式的创新与实践"（编号2019ZQJK047）研究成果

JINJIE JIAOXUE MOSHI DE JIANGOU YU CHUANGXIN

进阶教学模式的建构与创新

林文智　豆海湛　著

· 郑州 ·

图书在版编目（CIP）数据

进阶教学模式的建构与创新 / 林文智，豆海湛著. -- 郑州：河南大学出版社，2023.6
ISBN 978-7-5649-5548-9

Ⅰ．①进… Ⅱ．①林… ②豆… Ⅲ．①小学数学课—教学研究 Ⅳ．①G623.502

中国国家版本馆CIP数据核字（2023）第122496号

责任编辑　赵海霞
责任校对　张玉梅
封面设计　马　龙

出版发行　河南大学出版社
　　　　　地址：郑州市郑东新区商务外环中华大厦2401号
　　　　　电话：0371-86059701（营销部）
　　　　　网址：hupress.henu.edu.cn　　邮　编：450046
排　　版　河南大学出版社设计排版部
印　　刷　广东虎彩云印刷有限公司
版　　次　2023年6月第1版　　　　印　次　2023年6月第1次印刷
开　　本　787 mm×1092 mm　1/16　印　张　11.5
字　　数　142千字　　　　　　　　定　价　40.00元

（本书如有印装质量问题，请与河南大学出版社联系调换。）

序 言

探索教学理念与模式创新是新形势下深化课堂教学改革的重要内容。随着新课改的推进及核心素养的提出，教师需要转变教学观念，创新教学模式，提高课堂教学实效，促进学生核心素养发展。湛江经济技术开发区各学校根据区"觉民课堂"的"开发、开拓、开放"理念，扎实开展"觉民课堂"行动研究，林文智校长所在学校有效地构建了"生疑－绽思－活用"进阶教学模式并深入实践，取得了阶段性的研究成果。

从某种程度上来说，进阶教学是课程标准要求的细化与发展蓝图。它关注知识概念与学科思想的整体联系，重视核心知识创设、问题的层次性设置、思维绽放、探究能力提升等教学要素。它提示教师"现在何处，应去何方，怎样过去"，帮助教师更好地落实课程标准的要求。教师为之根据学生的最近发展区设定合适的"台阶"，更合理地把握教学内容的广度和深度，使课堂教学更为高效，学生乐于探究性学习。

"生疑－绽思－活用"进阶教学模式的框架，主要由"生疑""绽思"和"活用"三个基本环节构成。其中，"生疑"环节是整个教学模式的起点，"绽思"环节是整个教学模式的关键，"活用"环节是整个教学模式的终点。在这三个基本环节的教学中，教师应当准确把握教学要素和教学原则，使进阶教学不偏离正轨。值得一提的是，该校在"生疑""绽思"和"活用"三个基本环节中都探索出相对应的学习方式和策略支持。在学习方式上，"生疑"环节指向"情境明标"，"绽思"环节指向"探索交流"，"活用"环节指向"内化应用"。在策略支持上，"生疑"环节主要有捕捉疑点、思索疑点、探寻追疑等策略，"绽思"环节主要有多元感知、思维视角、思辨求异等策略，"活用"环节主要有聚集重点、训练内化、活用提升等策略。

"生疑－绽思－活用"进阶教学模式的构建与创新，是该校"觉民课堂"教学模式的校本化探索，助力学校深化教学改革、提高教学质量，也为广大一线教师创新教学模式、打造高效课堂提供经验借鉴和学习参考。

邱黎明

2022年3月13日

目 录

第一章 "生疑—绽思—活用"进阶教学的基本内涵......1
 第一节 "生疑—绽思—活用"进阶教学的核心概念......2
 第二节 "生疑—绽思—活用"进阶教学的理论依据......9
 第三节 "生疑—绽思—活用"进阶教学的基本特征......17

第二章 "生疑—绽思—活用"进阶教学的模式建构......23
 第一节 "生疑—绽思—活用"进阶教学的基本环节......24
 第二节 "生疑—绽思—活用"进阶教学的具体操作......37
 第三节 "生疑—绽思—活用"进阶教学的实施路径......44

第三章 "生疑—绽思—活用"进阶教学的实施策略......55
 第一节 "生疑—绽思—活用"进阶教学的生疑策略......56
 第二节 "生疑—绽思—活用"进阶教学的绽思策略......67
 第三节 "生疑—绽思—活用"进阶教学的活用策略......78

第四章 "生疑—绽思—活用"进阶教学的案例分析 90
　　第一节 "生疑—绽思—活用"进阶教学的教学设计 91
　　第二节 "生疑—绽思—活用"进阶教学的课堂观察 107
　　第三节 "生疑—绽思—活用"进阶教学的典型案例 119

第五章 学生在"生疑—绽思—活用"进阶教学中的角色分析 135
　　第一节 学生在"生疑—绽思—活用"进阶教学中的
　　　　　角色 136
　　第二节 学生在"生疑—绽思—活用"进阶教学中的
　　　　　学习方式 142
　　第三节 学生在"生疑—绽思—活用"进阶教学中的
　　　　　素养发展 149

第六章 教师在"生疑—绽思—活用"进阶教学中的地位分析 156
　　第一节 传统课堂教学的弊端及反思 156
　　第二节 教师在"生疑—绽思—活用"进阶教学中的
　　　　　合理定位 163
　　第三节 教师在"生疑—绽思—活用"进阶教学中的
　　　　　关键作用 170

第一章 "生疑-绽思-活用"进阶教学的基本内涵

随着我国新一轮基础教育课程改革的深入推进及核心素养的贯彻落实,深化课堂教学改革成为教育界的共识。越来越多的教师认识到需要转变传统教学观念和创新教学模式,关注学生的主体地位,推进课堂教学深度转型,提高课堂教学实效,发展学生核心素养。然而,从课堂教学改革的现状来看,课堂教学仍然存在着一些深层次问题,关键在于教师未能把握好学生的最近发展区,未能充分关注学生知识能力的差异性,在教学设计上缺少关注问题的层次性。大多数教师不重视核心知识创设、问题思维引领、探究能力提升等教学要素,在教学实践时关注教学主题的覆盖面,而不是提供脚手架帮助学生对核心知识达成实质性的理解。基于此,我们着力开展"生疑-绽思-活用"进阶教学理念与模式的校本化探索,挖掘内涵,创新理念,建构模式,实践应用,以求破解课堂教学改革中存在的深层次问题,全面提高教学质量,落实核心素养要求,促进学生全面发展。

第一节 "生疑－绽思－活用"进阶教学的核心概念

进阶教学是近些年来教育改革中出现的新概念，也是当前国内外教育改革研究的新领域，较为集中反映进阶教学理念的是"学习进阶"理论学说。进阶教学立足于学生的能力和素养不断提升，促进学生的全面发展。探索进阶教学理念，创新进阶教学模式，适应了深化课程教学改革与落实核心素养发展的新趋势。"生疑－绽思－活用"进阶教学的内涵探索与模式建构，前提在于其核心概念的界定。结合国内外研究现状，我们对"生疑－绽思－活用"进阶教学的核心概念进行了深入的解析，并做了明确的界定。

一、进阶的含义

进阶，通常指从低级到高级的过程，或是在原来的基础上有较大程度的提高。进，即发展、进步；阶，即等级、层次。

在古汉语中，"进阶"一词是"台阶"的意思，也有"进升官阶"之说。晋代潘岳《闲居赋》序："自弱冠涉乎知命之年，八徙官而一进阶，再免，一除名，一不拜职，迁者三而已矣。"唐代韩愈《平淮西碑》："丞相度朝京师，道封晋国公，进阶金紫光禄大夫。"清代吴振棫《养吉斋丛录》卷三："是其时将军为提督进阶，非实有其官也。"这里的"进阶"意指"进升官阶"。中国近代史资料丛刊《辛亥革命·武昌起义清方档案·清吏条陈》："彼其胸中久已视忠孝为迷信，视暴动为文明之进阶。"这里的"进阶"意指"进步"。

现在教育教学领域的"进阶",被赋予丰富的内涵,主要体现学生关于某一核心知识及相关技能、能力、实践活动在一段时间内进步、发展的历程,表现为特定知识、技能和能力的潜在发展序列。"进阶"的教学思想认为学习是一种不断积累、发展的过程,学生对核心概念的理解不是一蹴而就的,而是需要经过许多个不同的中间水平;而在一定的时间范围内,依靠恰当的教学策略,学生对这一核心概念的理解和运用便会逐渐发展、不断成熟。这种发展变化也绝非是简单的线性、单维度的,而是多种因素相互联系、相互作用的结果。

一言蔽之,基于教育教学的"进阶"的理念是教育高质量发展、教学高水平提升的理念,"进阶"的过程是学生在教师的引导下不断发展、进步、提升的过程,"进阶"的结果是教师和学生的素养共同得到提升。

二、进阶教学的含义

(一)国外研究现状概述

进阶教学研究是当前国内外教育改革研究的新领域,较为集中反映进阶教学理念的是"学习进阶"理论学说。近十几年来,"学习进阶"是美国科学教育改革中一个新兴的概念,成了美国科学教育界的研究热点;但是至今仍未对"学习进阶"做出一个精准的界定。普遍认可且具有一定代表性的观点:(1)过程说:美国国家研究理事会(NRC)在2007年发布的《让科学走进学校:K-8年级科学学习的学与教》中将学习进阶定义为"随着时间的不断增加,学生对某一学习主题的思考和认识不断丰富、精致和深入的一种过程";Songer等人认为"学习进阶是学生对学习主题思考和探究推理的过程"。（2）本质说：密歇根州立大学 Anderson 教授认为"学习进阶的本质在于刻画学生特定心理结构的阶段性发展"。（3）方法说：Smith 等人将学习进阶描述为"在学生学习的过程中，以内容领域为载体，联结不断、更加复杂、循序渐进的一种推理探究的方法"。（4）假设说：Duncan 认为"学习进阶其实是一种假设，是一系列以实证为基础、可测试的假设，假设学生在合适的教学条件下，随着时间的推移，对核心科学概念、科学解释以及相关的科学实践的理解－应用能力逐渐趋于复杂的一种假设－验证过程"。

上述研究从多元视角论述了"学习进阶"的基本内涵，从理论层面对进阶教学理念进行了探索，揭示学生学习认知的阶段性和渐进性，可以为本研究提供理论支持与分析框架。国外学术界在"学习进阶"教学的实践研究视野还较窄，主要是在数学、物理、化学、生物、信息技术等科学类课程，鲜有涉及语文、英语、政治、历史等人文类课程；并且缺少对进阶教学的基本概念、一般模式、教学策略等的系统研究。

（二）国内研究现状概述

在国内，北京师范大学的刘恩山、王磊和郭玉英教授团队，以及华东师范大学的王祖浩教授团队也基于"学习进阶"教学理论的研究领域开展了各具特色的研究，立足实现两个转变：（1）从学习过程到认知过程的转变，关注学生认知的有序提高（进阶）；（2）从演变模式到演进模式的转变，需要教师能够基于核心知识组织教学，承认学生在核心知识学习过程中有一个较长的时间跨度，并通过不断"演进"的方式促进学生的认知变化。在实践研究领域,研究者主要根据物理、化学、生物、信息技术等科学类课程的学科教学需要对进阶教学进行研究,如广东陈允任、王穗芳、林建芬、钱扬义等人根据化学学科教学需要,提出基于提升学生科学论证能力的"元素周期律"进阶教学;也有研究者基于进阶教学理念探索小学中高年级写作教学。2013年,江苏信息技术职业学院赵彦结合信息技术课程改革提出,进阶教学是每个学习情境与一个工作子任务对应,在学习情境的教学过程中,采用进阶式教学法进行的教学。他提出教学过程的六个环节:使用已有知识实现引入性案例——分析不足、提出问题——学新知识、解决问题——使用新知识改进引入性案例(进阶式案例)——在进阶式案例实施过程中进行检查与指导——完成任务实施后的评价及拓展训练。

  上述研究对进阶教学理念、策略与模式的探索还是碎片化,缺少系统性和全面性,尤其鲜见进阶教学模式的创新与实践,研究者的研究视野基本上局限于本学科课程教学领域,对学生认知发展规律、学习方式转变、思维能力提升及实践创新精神培养等方面明显不足。

  综合国内外有关学者的研究成果,我们认为,进阶教学是指教师针对教学内容的核心知识或某项关键能力创设核心问题,并把核心问题分解为若干有层次性的子问题,以问题思维引领学生在进阶式学习中自主探究、合作交流,逐步深入理解知识、提升能力的教学活动。

  从某种程度上来说,进阶教学是课程标准要求的细化与发展蓝图。它将提示教师"现在何处,应去何方,怎样过去",能够帮助教师更好地落实课程标准的要求,根据学生的最近发展区设定合适的"台阶",关注知识概念与学科思想的整体联系,更合理地把握教学内容的广度和深度，使课堂教学更为高效，学生乐于探究性学习。

三、"生疑－绽思－活用"进阶教学的含义

根据进阶教学理念与特征，我们拟提出"生疑－绽思－活用"进阶教学模式。这一模式是教师基于学生认知发展水平，针对教学内容的核心知识或某项关键能力创设核心问题，以"生疑""绽思"和"活用"为三个关键环节（台阶），通过引领学生发现问题、质疑问难、积极思考和迁移运用，不断突破知识要点或难点，培养学生的问题意识、实践能力和创造性思维的教学模式。

（一）生疑

生疑，指的是通过问题情境的"台阶"诱导，使学生在原有知识水平基础上产生认知冲突，进行质疑问难，激发学生探究学习的欲望，达到培养学生的问题意识。

教师鼓励学生发现问题，大胆质疑，主动钻研，相互探讨，正是新课程理念的体现。"学起于思，思起于疑。"提出一个问题，往往比解决一个问题更为重要。让学生学会提出问题，大胆质疑，是改变他们在学习中的被动地位，使他们逐渐变得积极主动的最佳途径之一。学生在学习中能够发现问题并去质疑求证，敢于发表独立见解，不仅能加深对知识要点的理解和领悟，而且能够点燃创造性思维的火花，找到成功的感觉，提高学习的兴趣。在传统的课堂教学中，教师是课堂的主宰者，搞的是"满堂灌""一言堂"，对学生实施的是"填鸭式"教学，学生是被动接受知识的对象，没有独立思考的空间，缺少发表见解的机会，个性受到压抑，毫无创造性可言。处于这种状态中，学

生失去探究新知的动力和激情，为上课而上课，学习兴趣自然提高不起来。因此，新课改强调教师务必解放思想，转变角色，改进教法。

在新课程理念和核心素养倡导的课堂里，教师要以学生为主体，重视学生的个性发展，关注学生的求知欲望，呵护每位学生探究新知的心灵。教师的角色必须由课堂的主宰者转变为课堂的组织者、引导者，师生之间互动交往，平等对话。教师的教法也由"满堂问"转变为引导学生自主提问，鼓励学生大胆质疑，组织学生合作交流，启发学生探究释疑。

生疑，是"生疑－绽思－活用"进阶教学模式三个关键环节中的第一个环节，是学生探究性学习的基点，也是教师进阶教学的出发点。

（二）绽思

绽思，指的是教师根据学生的认知水平搭建脚手架（即"台阶"），让学生探究问题时碰撞思维，绽放思想，取长补短，去伪存真，建构新知识，从而让认识和思维上升到一个新的"台阶"。

什么是思维？思维是指在表象、概念的基础上进行分析、综合、判断、推理等认识活动的过程，是人类特有的一种精神活动。思维最初是人脑借助于语言对客观事物的概括和间接的反应过程。按照信息论的观点，思维是对新输入信息与脑内储存知识经验进行一系列复杂的心智操作过程。思维给人以动力，给人以新知，给人以思想。思维发展与提升，对学生核心素养的培养至关重要。关于"思维"在核心素养中的地位，华东师范大学终身教授钟启泉先生更是直截了当地指出：培养学生的思维素养是核心素养的核心。

现代教育学理论认为，课堂教学是思维活动的教学，而学生思维的积极性和主动性有赖于教师的循循善诱、精心启发。因此，教师在课堂中要洞察学生的欠思处，并加以启发、诱导、挖掘，帮助学生的思维由浅层迈向深层。教师对问题的设置要有梯度，符合学生的认知规律和思维特点，搭"桥"铺"路"，由浅入深，环环相扣，层层递进；从而鼓励学生的自信心，激发学生探究性学习的兴趣，使课堂教学渐入佳境。

绽思，是"生疑－绽思－活用"进阶教学模式三个关键环节中的第二个环节，是在"生疑"基础上的提升，激活学生的思维，丰富学生的认知，放飞学生的思想，把师生积极互动的开放课堂推向新的高度。

（三）活用

活用，即是学生灵活运用所学知识或技能解决实际问题，达到能力"进阶"的真正目的。

活用，对理解知识、发展思维、培养能力、形成积极的学习情感都能起到十分重要的作用。在课堂教学中，教师引导学生活用知识或技能，能够激发学生对新知识的求知欲。让学生亲身经历知识的形成过程，亲身体验知识的"再创造"，体验学以致用的愉悦感和成就感，同时有效地培养学生的实践能力和创新精神。教师应该加强对学生的实践训练，让学生在实践中感知，充分发挥学生的潜力，让学生通过自己的努力解决问题获取知识；再引导学生到实践中验证，到生活中运用，以此真正学有所得。

在传统教学中，教师十分注重知识的灌输式教学，很少关注知识和学生的实际生活有哪些联系。学生掌握了知识，却不会解决与之有关的实际问题,造成了知识学习和知识应用的脱离,感受不到知识的趣味和作用。教师把结论告诉学生,不如让学生自己去探究;把感受告诉学生,不如让学生自己获取体验;将技能要点告诉学生,不如让学生动手实践。杜威说过,人们如果发现某种东西,就必须对事物做一点什么事;他们必须改革。这是实验室方法给我们的教训,一切教育都必须学习这个教训。听和看虽然可以帮助学生获得一定的信息与知识,但远远不如活用给人的感受深刻,不如做中学那样牢固。

通过活用,学生能更直接地接受知识、掌握知识,加深对事物的理解,获得真切、深刻的情感体验,认识具体而丰富的现实世界,体会在实践中学习知识的乐趣,激发求知的欲望,提高理论联系实际的能力,能最大限度地拓展学习空间,增进课本知识和实际生活的密切联系。

活用,是"生疑—绽思—活用"进阶教学模式三个关键环节中的第三个环节,是学生能力"进阶"所达到的最高层次,是教师在发展学生核心素养上所应达到的要求。

第二节 "生疑—绽思—活用"进阶教学的理论依据

在探索"生疑—绽思—活用"进阶教学时,我们批判地借鉴了维果茨基的最近发展区理论、布鲁纳的脚手架理论以及皮亚杰的建构主义学习理论。最近发展区理论基于学生的认知发展水平而提出,彰显"以学生发展为本"的新课程理念;脚手架理论旨在为学生建构对知识的理解提供一种观念框架，突出教师在教学中的指导性作用；建构主义学习理论揭示学生的知识通过意义建构的方式而获得，强调转变教师的教学方式和学生的学习方式的必要性。这三项重要的理论，为"生疑－绽思－活用"进阶教学研究奠定了坚实的理论基础。

一、最近发展区理论

心理学上把人的认知水平划分为三个层次："已知区""最近发展区""未知区"，并认为人们对问题的认识过程就是这三个层次间的逐步转化过程。最近发展区理论是由苏联教育家维果茨基提出的儿童教育发展观。维果茨基的研究表明，教育对学生的发展能起到主导作用和促进作用，但需要确定学生发展的两种水平：一种是学生已经达到的发展水平，指独立活动时所能达到的解决问题的水平；另一种是学生可能达到的发展水平，表现为"儿童还不能独立地完成任务，但在成人的帮助下，在集体活动中，通过模仿，却能够完成这些任务"。这两种水平之间的距离，就是"最近发展区"。维果茨基提出这一概念，感兴趣的是儿童发展的潜能，而不是儿童在某一特定点的发展水平。[①]

维果茨基的"最近发展区"，主要是针对智力而言的，其实在学生心理发展的各个方面都存在着"最近发展区"。只有针对最近发展区的教学，才能促进学生的发展；而停留在现在发展区的教学，只能阻碍学生的发展。发展的过程就是不断把最近发展区转化为现有发展区的过程，即把未知转化为已知，把不会转化为会，把不能转化为能

---

① 张春兴.教育心理学[M].杭州：浙江教育出版社，1998：116.

的过程。要做到这点，就必须了解学生的认知结构，就是教师在教学前首先要了解学生已经掌握了什么，要对学生的知识"有底"。如此，才能在这个基础上，让学生走向最近发展区。

"最近发展区"这个"区"的定义，就是一个儿童的表现和同一个儿童与成人一起活动或在成人或更有经验的同伴辅助下活动的表现之间的差异（以时间为单位表示）。例如，2个儿童接受8岁儿童心理测定标准的测验，在标准化的辅助下，第一个儿童达到9岁儿童的水平，而第二个儿童达到12岁儿童的水平，那么第一个儿童的最近区是1年，而第二个儿童的最近区是4年。最近发展区理论给我们提供了一条理解儿童发展的途径，其蕴涵的重要思想是：儿童的发展主要是通过与成人或更有经验的同伴的社会交往而获得的。

最近发展区理论对我国当前的教学改革具有深远而丰富的启示。"生疑－绽思－活用"进阶教学模式正是着眼于学生的最近发展区，为学生提供带有难度的内容，调动学生的积极性，发挥其潜能，超越其最近发展区而达到下一发展阶段的水平，然后在此基础上进行下一个发展区的发展。"生疑－绽思－活用"进阶教学模式，以"生疑""绽思"和"活用"三个台阶为关键节点，在教师的帮助下促进学生向更高的水平发展。

"生疑－绽思－活用"进阶教学模式，需要贯彻最近发展理论以下三个基本原则：

第一，发展性原则。在教学中，教师必须促进儿童知识水平、体力、智力、情感、道德和个性等方面的发展，使儿童从现在的发展区域向最近发展区域发展。也就是说教学不仅要适应儿童当前的知识水平和能力，而且还要有一定的难度，要向儿童提出经过努力才能达到的要求，从而促进儿童知识水平和能力不断向前发展。

第二，问题性原则。教学并不能自动"创造"儿童的发展，需要在教师的指导下使儿童积极地学习，从而完成教学任务。因此，教师在教学过程中要利用儿童现有的知识水平，通过新颖性和层次性较强的问题激发儿童思考、探究、发现、创新，引发他们对问题解决的深层理解，从而通过问题的解决，使儿童建构起对知识的理解，引导他们不断地进入层层递进的"最近发展区"，逐步获得发展。

第三，启发性原则。启发的目的是为了使儿童智力获得发展，因此，在教学中教师首先要承认儿童是学习的主体，注意调动他们学习的主动性，引导他们独立思考，积极探索，生动活泼地学习；同时，启发应遵循最近发展区的原则，即启发要高于现有水平，不可低于发展水平，不可盲目拔苗助长。"一个坏的教师奉送真理，一个好的教师则教人发现真理。"这就是启发性原则的意义所在。

"生疑—绽思—活用"进阶教学模式的构建主要是以学生认知思维发展为进阶要素，而不是以往的以知识本身的逻辑结构为主，体现了"以学生的发展为本"的新课程理念。在教学中尊重学生的认知水平和个性的差异，同时针对学生的个体差异，促使每一个学生都能够在自己的"最近发展区"内获得最大限度的发展。因此，在进阶教学中，要满足不同认知水平和能力层次的学生的发展需要，让每个学生都能够得到不同层次的发展。

二、脚手架理论

脚手架（scaffolding），最早是由美国著名的心理学家和教育学家布鲁纳从建筑行业借用的一个术语。其用来说明在教育活动中，学生可以凭借由父母、教师、同伴以及他人提供的辅助物完成原本自己无法独立完成的任务。即随着学生学习能力的逐步提升，学习的责任将逐渐转移到学生身上，最后让学生完全积极主动地展开学习，并通过学习建构出真正属于自己所理解、领悟、探索到的知识。一旦学生能独立完成某种任务，这种辅助物就像建筑竣工后的脚手架，会被逐渐撤离。这些由社会、学校和家庭提供给学生，用来促进学生心理发展的各种辅助物，就被称为脚手架。①

"脚手架教学"从维果茨基的社会文化理论和最近发展区中发展而来，脚手架或许是一种教学策略和教学工具，也或许是一种教学方案和教学方法。脚手架理论认为，应当为学习者建构对知识的理解提供一种观念框架。这种框架中的观念是为发展学习者对问题的进一步理解所需要的。研究表明，教师帮助学生搭建的脚手架是与"最近发展区"密切相关的。在进阶教学模式中，教师只有根据学生的"最近发展区"搭建的脚手架，才是对学生的发展最有效的。进阶教学模式搭建的"台阶"，就是脚手架，帮助学生对核心知识一步步加深理解，促进能力加快提升。

脚手架，根据其在教与学中的不同情境和作用及其主体的不同，大体可分为教学脚手架和学习脚手架两个大的二级类属。

其一，教学脚手架。教学脚手架整体上可分为两类：（1）交互式脚手架，是指通过人际交互发挥作用的脚手架。交互式脚手架让教师角色重新定位。它的类型很多，主要包括教师讲解与解释、模拟或示

---

① 齐书灵.对"脚手架教学"的探索［EB/OL］. http://blog.sina.com.cn/s/blog_e1c772170102w3u0.Html，2015-10-18.

范、为降低学习材料难度向学生提问、提示和暗示、游戏活动、头脑风暴、小组讨论、合作学习、反馈与评价等。（2）工具式脚手架，是把人的智慧和文化功能固化在工具和技术设备上的脚手架。随着科技的不断发展，工具式脚手架不断涌现，在教学中发挥的作用越来越大。工具式脚手架种类繁多，根据其功用可分为导师型工具、激励型工具、替代经验型工具。将声音、图像、动画融为一体的多媒体课件以及其他电子和媒体工具，为学生的学习活动提供了崭新的学习环境，特别值得一提的是网络极大地扩展了教学的时空。

其二，学习脚手架。学习脚手架是指为学生学习提供帮助和支持的有效材料，如提供学习方法、途径、方向，提供模仿的对象、范例，提供使用的工具，提供观察的实物等。脚手架可以教师提供，也可学生自己提供或相互提供。根据其应用性质的不同，又可对其细分六类：（1）目标性脚手架。教师在教学中把学习目标明确提示给学生后，学生的学习便更加具体、清楚。（2）任务性脚手架。主要是帮助学生明确和分解在完成目标的过程中需要做哪些事情，先后顺序怎样。（3）问题性脚手架。问题是引导学生获取知识的动力，它可以呈现一种问题情境，激发学生的学习兴趣。（4）方法性脚手架。教师在教学过程中结合学习内容教给学生学习方法，如听课方法、读书方法、记笔记方法、做摘要方法、查阅资料方法等。（5）模板性脚手架。为学生的学习提供一个范例、一个模板，也就是为学生提供一个模仿的对象、一个可以更换内容的框架，使学生能够进行知识的迁移学习。（6）评价性脚手架。这是非常重要的一个脚手架，它告诉学生怎样评价自己的学习成果和效率。

脚手架设置的水平，在很大程度上依赖于学生的已有发展水平、在学习中的自主性和独立性的发挥程度以及对脚手架的熟悉程度。因此，在进阶教学模式中，教师有必要在教学前对学生各方面的基本情况有一个大体的了解。这既关系到脚手架应设置的水平，更直接的关系到脚手架在教学活动中应用的最终成败。①

提供脚手架的过程，是教师和学生、学生与同伴之间交互作用的社会过程，也是培养学生自主学习能力的过程。教师仅仅是脚手架的提供者，是为了给学生以支持和鼓励、提示和辅助。教师的作用就如同教学生学走路，最终还要靠学生自己的力量完成学习任务。教师要做的是在互动过程中对学生的思维方式、解决问题的策略进行分析，及时提供适当的支持和辅助，让学生成为独立自主的学习者。

三、建构主义学习理论

建构主义（constructivism）也译作结构主义，其最早提出者可追溯至瑞士的皮亚杰（J.Piaget）。他是认知发展领域最有影响的一位心理学家。建构主义本来是源自关于儿童认知发展的理论，由于个体的认知发展与学习过程密切相关，因此利用建构主义可以比较好地说明人类学习过程的认知规律，即能较好地说明学习如何发生、意义如何建构、概念如何形成，以及理想的学习环境应包含哪些主要因素等。

皮亚杰的建构主义学习理论认为，学生的知识是在一定的情境下，借助他人，通过必要的学习资料，通过意义建构的方式而获得，是学生主动建构的过程。建构主义学习理论强调知识的建构性，认为

---

① 齐书灵.对"脚手架教学"的探索［EB/OL］. http://blog.sina.com.cn/s/blog_e1c772170102 w3u0.Html，2015-10-18.

应给学生提供活动的时空，让学生主动建构自己的认知结构，培养学生的创造力。由于学习是在一定的情境即社会文化背景下，借助其他人的帮助即通过人际间的协作活动而实现的意义建构过程，因此建构主义学习理论认为"情境""协作""会话"和"意义建构"是学习环境中的四大要素或四大属性。

建构主义不仅形成了全新的学习理论，而且正在形成全新的教学理论。这种学习理论强调以学生为中心，不仅要求学生由外部刺激的被动接受者和知识的灌输对象转变为信息加工的主体、知识意义的主动建构者；而且要求教师要由知识的传授者、灌输者转变为学生主动建构意义的帮助者、促进者。这就意味着教师彻底摒弃以教师为中心、强调知识传授、把学生当作知识灌输对象的传统教学模式，应当在教学过程中采用全新的教学模式，全新的教学方法和全新的教学设计思想；因而必然要对传统的教学理论、教学观念提出挑战，从而在形成建构主义学习理论的同时，也逐步形成与建构主义学习理论、建构主义学习环境相适应的新的教学模式、教学方法和教学设计理念。

教学模式是指在一定的教育思想、教学理论和学习理论指导下的、在某种环境中展开的教学活动进程的稳定结构形式。教学活动进程的简称就是通常所说的"教学过程"。建构主义学习理论支持下的教学模式，以学生为中心，在整个教学过程中由教师起组织者、指导者、帮助者和促进者的作用，利用情境、协作、会话等学习环境要素充分发挥学生的主动性、积极性和首创精神，最终达到使学生有效地实现对当前所学知识的意义建构的目的。

"生疑－绽思－活用"进阶教学模式正是适应于建构主义学习理论以及建构主义学习环境的全新的教学模式。这种模式有效地激发学生主动探究学习的欲望,促进学生自我反思,自我建构,自我提升,从而促进学生进阶式全面发展。

第三节 "生疑-绽思-活用"进阶教学的基本特征

"生疑-绽思-活用"进阶教学围绕学科核心知识,以学生的发展为本,设计不同的进阶水平,在一定时间跨度内,借助恰当的教学手段进行教学,以学生核心素养的提升为导向,实现从学科核心知识的进阶初始水平到最终水平的发展。"生疑-绽思-活用"进阶教学具有核心性、阶段性、层次性和关联性四个方面的基本特征。

一、核心性

核心性,即围绕核心概念建构。核心概念是位于学科中心、能展现当代学科图景的概念性知识,是构成学科结构主干部分的、具有超越课堂迁移价值的概念、原理或理论。核心概念在进阶教学的设计中起到了"中心骨架"的作用。核心概念的学习既是学生认识发展的过程,也是学科概念发展的历史过程,总是按照一系列进阶水平循序渐进地发展、层层递进地被学生所领会。[1]

进阶教学的研究源于促进学生理解力发展的达成,关注学生的学

---

[1] 姜瑞华.基于核心概念进阶学习的思考与实践:以"电解原理"的学习为例[J].中学化学教学参考,2017(9):29-32.

习过程，是对学生在各个学段对同一个主题概念学习时所遵循的连贯的、典型的学习路径的描述，一般都是围绕着核心概念进行的。进阶学习的过程是学生在一定的教学情境下通过与教师、同学以及教学信息的相互作用而获得知识、技能和方法的过程，是一个逐渐累积、不断发展的过程，也是学生"点一线一面一体"拓展知识和发展能力的过程。在这一过程中，不同学生在理解概念时往往会显示出多种不同的中间水平，学生只有经历了这些中间水平后才能不断取得进步和发展。在日常教学中，我们既要考虑实际，更要设计符合学科概念发展逻辑和学生认识发展水平的学习过程，让学生通过学习逐步深刻理解、准确运用、熟练掌握、成熟发展。[①]

进阶教学将焦点放在核心的、有生成性的学科知识及实践上，针对核心知识构建，有利于学生对知识进行选择、加工和处理，以此来建构属于自己特有的知识体系。在进阶学习的过程中，学生并不是建构起一种固定的知识经验，而学生原有的知识经验由于新知识经验的进入而发生调整和改变。因此，在进阶教学中不能无视学生的已有知识经验，简单生硬地从外部对学生实施知识的"填灌"，而是应当围绕核心知识进行意义的建构，把学生原有的知识经验作为新知识的生长点，引导学生从原有的知识经验中，生长新的知识经验，帮助学生进行对知识的意义建构，使得其思维发展遵循进阶描述的路径前进。

---

① 韦斯林，贾远娥.学习进程：促进课程、教学与评价的一致性[J].全球教育展望，2010，39（9）：24-31.

二、阶段性

阶段性，即刻画学生知识和能力的不同阶段。人的认知发展是按照一定顺序进行的，从整体上看，个体的认知发展呈现出明显的阶段特征，这些特征既存在一定的心理发展共性，又具有一定的先天或后天的差异性。进阶教学思想认为学习是一种不断积累、发展的过程，学生对核心概念的理解不是一蹴而就的，而是需要经过许多个不同的中间水平，在一定的时间范围内，依靠恰当的教学策略，学生对这一核心概念的理解和运用便会逐渐发展、不断成熟。

学生的学习进阶分为起点、过程和终点水平三大部分，在不同的阶段界定不同的学习内容、结果或目标；而"生疑—绽思—活用"进阶教学主要分为生疑、绽思和活用三个阶段。进阶教学符合学生的认知发展规律。教师熟悉学生发展的每个阶段和水平，以进行教学观察和评价；同时认识到学生的认知发展阶段与教学的关系是相互联系、相互制约的。在进阶教学中，学生的知识结构与认知水平在不断地发展，不同阶段具有不同的特点，将焦点放在学生对核心知识的理解如何从简单到复杂、从片面到全面上，并通过特定的表现或者成就水平来确定学生所处的水平或状态。结合每节课具体的教学内容，面向全体学生，考虑到学生的知识经验、发展水平等差异因素，制定出分层进阶的教学目标，满足不同层次水平学生的发展需要，提高课堂教学效率，促进学生的进阶与发展。

进阶教学能够有效地帮助教师在教学过程中更好地指导学生学习，是教师教学的重要指南，也为设计和开发各学段中学生的终结性评价提供了重要的参考。① 进阶教学的过程犹如楼梯逐级上升的台阶，各台阶代表学生在不同的年龄阶段所达到的不同水平。参照进阶的各中间水平，就能推测、预估学生在未来一阶段所取得的学习成就，为教师的教和学生的学提供了一个可参考的目标，事实上也为最终理解核心概念提供了"线路图"。②

三、层次性

层次性，即通过学习表现，呈现层次发展的证据。学生的认识过程是按照从已知到未知、从具体到抽象、从现象到本质、从简单到复杂的顺序逐渐深化的，是学生主动建构知识经验的过程，即通过新的经验与原有知识经验的相互作用充实、丰富和改造自己的知识经验。这个认知发展的规律是客观存在的，决定了学生的认知水平是一步步提升的、循序渐进地发展的。因此，教学应充分考虑到层次性。

学生的思维具有差异性，这就决定了教师在教学设计过程中从基础思维开始教学，逐步提升。课堂教学设计应注重学生心理特征、认知能力、思维品质等方面的差异，由低级到高级的发展顺序去安排设计，体现出教学目标和学生活动的层次性，并使不同层次的教学目标与不同类型学生的活动层次相互协调，促进全体学生在各自原有的基础上都有所发展，都能获得成功的体验和发展的动力。

进阶教学是阶段性和连续性共存的，是多层次、多序列、多要素

---

① 刘晟，刘恩山.学习进阶：关注学生认知发展和生活经验[J].教育学报，2012（2）：81-87.

② 姜瑞华.基于核心概念进阶学习的思考与实践：以"电解原理"的学习为例[J].中学化学教学参考，2017（9）：29-32.

的结构整体,进阶水平的理解层次和知识水平是依次递增的。进阶教学中,从层次性来看,学生的学习水平与能力发展总是由低级向高级的方向递进,每一个层次之间都有一定的连续性,也就是说前一层次是后一层次的基础,后一层次是前一层次的发展。在"生疑—绽思—活用"进阶教学模式中,"生疑"是第一层次,"绽思"是第二层次,"活用"是第三层次。这其中,教学环节呈现层次性推进,促进学生进阶式提升和层次性发展。

教师应认识到学生的进阶学习是循序渐进的,教学不能只看到最终目标,而是一步一步地去达成子目标。进阶的中间过程类似于楼梯逐级上升的台阶,各个台阶象征着学生在不同的年龄阶段能达到的不同水平;而这种"上升的台阶"实质上也是学生心理发展的过程,这就要求教师在教学过程中应遵循学生身心发展的客观规律,将终极目标"化整为零",即细分为各个年龄段的子目标,让学生在达成子目标的过程中稳步前进。

四、关联性

关联性,即体现课程和教学的影响。进阶教学详细描述了学科的核心概念、学生理解概念的典型步骤,并揭示了不同学段学生关于核心概念学习所需的前概念。不仅具有极大的可操作性,更为课程专家、教材编写者和教师设计有针对性的课程,以及学生下一学段的学习指明了方向。在进阶教学中教师通过学生的现有知识水平,课前对教学步骤加以设计,学生得以平缓地从课前初级水平达到课后的理想水平。教师要结合课程标准和进阶教学理念,设计符合学生认知水平的教学环节,并加以实践。

进阶教学有助于课程理论与教学实践的沟通融合。课程标准虽然明确指出了在教学实践中学生参与的重要性，但缺少详尽、明晰的操作方法，导致教学与评价的指导意义大打折扣；而进阶教学则描述了学生理论与实践相互联系、相互作用的方式。事实上，进阶教学整合的课程本身就是基于大量的实证研究并系统综合分析、抽象概括而成。同时，整个课程还不断在实践中检验、修正和完善，这就为教育理论与教学实践提供了沟通的桥梁。①

进阶教学使得教师关注学生对知识理解的发展变化，并开始分解学习标准，真正理解教学内容。进阶教学让教师能清楚地了解到终极目标该如何分解细化、前后连贯、层层递进地设置于不同的学段之中，才能使学生对知识概念的理解沿着既定的轨道不断深化、拓展。

综上所述，随着新课改的推进及核心素养的提出，教师需要转变教学观念，创新教学模式，提高课堂教学实效，促进学生核心素养发展。"生疑－绽思－活用"进阶教学模式的建构与创新，是我们对教学模式的校本化探索，这将为广大一线教师创新教学模式、打造高效课堂提供经验借鉴和学习参考，也助力学校深化教学改革、提高教学质量。

---

① 皇甫倩，常珊珊，王后雄.美国学习进阶的研究进展及启示[J].外国中小学教育，2015（8）：53-59.

第二章 "生疑－绽思－活用"进阶教学的模式建构

教学模式可以定义为是在一定教学思想或教学理论指导下建立起来的较为稳定的教学活动结构框架和活动程序。作为结构框架,突出了教学模式从宏观上把握教学活动整体及各要素之间内部的关系和功能;作为活动程序则突出了教学模式的有序性和可操作性。基于"生疑－绽思－活用"进阶教学的模式建构,我们坚持理论创新与实践探索,以教学质量提升和核心素养落实为宗旨,开展"生疑－绽思－活用"进阶教学行动研究实验,深入探索"生疑－绽思－活用"进阶教学的基本环节、具体操作和实施路径。在研究与实践的过程中,我们逐渐建构了"生疑－绽思－活用"进阶教学模式,不断探索、完善和修正,最终成型定模。事实证明,"生疑－绽思－活用"进阶教学的模式建构是非常成功的。

第一节 "生疑-绽思-活用"进阶教学的基本环节

"生疑-绽思-活用"进阶教学模式的框架，主要由"生疑""绽思"和"活用"三个基本环节构成。其中，"生疑"环节是整个教学模式的起点。"绽思"环节是整个教学模式的关键，"活用"环节是整个教学模式的终点。在这三个基本环节的教学中，教师应当准确把握教学要素和教学原则，使进阶教学不偏离正轨。值得注意的是，"生疑""绽思"和"活用"三个基本环节中都有相对应的学习方式和策略支持。在学习方式上，"生疑"环节指向"情境明标"，"绽思"环节指向"探索交流"，"活用"环节指向"内化应用"。在策略支持上，"生疑"环节主要有捕捉疑点、思索疑点、探寻追疑等策略，"绽思"环节主要有多元感知、思维视角、思辨求异等策略，"活用"环节主要有聚集重点、训练内化、活用提升等策略。这里主要是阐述"生疑""绽思"和"活用"这三个基本环节在教学实施时需要把握的要素与原则。

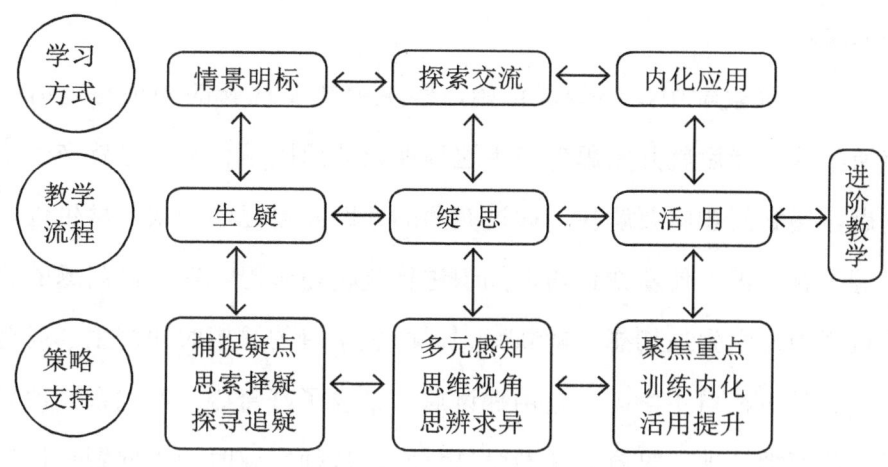

"生疑—绽思—活用"进阶教学模式图

一、"生疑"环节：进阶教学的起点

在"生疑—绽思—活用"进阶教学模式中，"生疑"是第一个基本环节，是整个教学模式的起点。"疑"是思维的开端，是产生求知欲望和兴趣的源泉。小疑则小进，大疑则大进。"生疑"，首先要激发和培养学生的问题意识，这是进阶的基石；其次要鼓励学生质疑问题，自主学习，这是进阶的动力。

（一）教学要素

1.问题意识，自主求知

学起于思，思源于疑，问题源于好奇心和求知欲。所谓问题意识，其实也就是人们发现问题、认识问题的一种思想自觉。人们有了问题意识，才能够自觉主动地去发现、分析、解决问题，才能促进事物的发展。在学习中，学生有了问题意识，就有了追疑探奇、自主求知的兴趣。

在进阶教学中，当新课伊始，学生突然发现新的知识与之前的有所不同，然后就开始思考产生这种现象的原因是什么，这就产生了问题。遇到问题就要解决，通过教师的帮助和自己的探索，学生逐渐掌握了新知识，使新知识与旧知识进行建构与重组。在解决问题的整个过程中，学生迫切想了解新知识，产生学习的欲望时即产生了问题意识。学生在自主学习、自由探讨后，激发了好奇心，产生批判性思维，从而拥有独立见解。在教学过程中，教师授课时的"问题意识"、学生听课时的"问题意识"，能促使双方一起去解决所面临的"问题"，通过鼓励学生总结和反思解决新问题，有利于学生问题意识的激发与培养。

2. 质疑问难，激发动机

"疑"是思维的发端，问题是思维的动力，没有质疑就没有积极思维的动力。学生方面，将质疑理解为学生学习的一种方式，在面临新问题、新情境时，在思维中产生了某种不确定性，于是就会激发起探究的动机。教师方面，可以将质疑看成一种教学策略，在教学中适时提出问题，鼓励学生提出问题，将师生提出的问题通过合作探究方式来解决，抑或是教师在授课结束前留有一定时间让学生提出问题，并集中解疑。

进阶教学中的质疑，不是单向的，只有学生一方在教学中质疑而教师不加以引导，学生就慢慢地失去了质疑的动力。同样，只有教师一人在课堂上抛出疑问，学生不主动配合，也不是高效的课堂教学。在上课伊始，创设良好的问题情境，使学生想问，激发学生的学习动机；创设生动有趣的生活情境，引发学生发问，使之见疑生趣，激发其探索欲望，促使学生结合自己的所学知识对文本产生一些疑问，或者对以往所认同的观点有所怀疑，重新提出新的见解或观点。那么，学生在学习这一知识过程中，认知水平就会在一定时间内达到一定层次的进阶发展。

在课堂教学中，培养学生的问题意识，让学生学会在质疑中探索求知乃是课改的应有之义，是促进学生积极思维、有效思维乃至创造思维的重要手段，也是转变学生学习方式，促使其实现进阶发展的重要途径。要想鼓励学生质疑问难，就要让学生敢于质疑，乐于质疑，善于质疑。

（二）教学原则

1. 开放性

在开放性的进阶式课堂中，教师是课堂教学的组织者和主导者，是意义建构的帮助者和引领者，是学生行为习惯的规范者和模仿者，会留给学生相当多的空间去思考和拓展，以达到对课堂情境更深入的阐释和理解，并且在特定的条件下成为一种信息源，通过他们的不断介入，达到向外辐射的目的。

开放性是"生疑"的核心，开放是多样式、多层次的，而开放的深度和广度影响着进阶教学质量的提高与否。"生疑"的开放性主要体现在鼓励学生生疑，促使学生善于提问，通过创设各种情境来引出学生的疑问。只有坚持"开放性"的进阶教学，才能保持源源不断的原动力，才能保持广阔的视野和兼容并包的治学胸怀和姿态。

2. 启发性

在古代，就有教育家提出了"启发"教育。孔子提出了"不愤不启，不悱不发"，《学记》提出"道而弗牵，强而弗抑，开而弗达"，都阐述了教师的作用在于引导和启发，而不是牵着学生的鼻子走。①在整个进阶教学过程中，教师要根据学生的认知规律和水平以及思维的发展特点，抓住重点难点进行讲解，既要做生动形象、妙趣横生的描述，又要设置疑问、制造悬念、提出问题，娓娓道来，发人深省，唤起学生的求知欲望。

"生疑"的启发性，主要是指在教学伊始，通过问题情境的"台阶"启发诱导，引导学生积极思考，使学生在原有知识水平基础上产生认知冲突，启发学生主动发现问题，激发学生探究学习的欲望，达到培养学生的问题意识的目的。

3. 趣味性

"兴趣是最好的老师。"布鲁纳提出的"发现式教学法"的第一个步骤就是从儿童的好奇心出发，提出使学生感兴趣的问题。所以，教师在课堂教学中要注重"趣味性"，以引起学生的关注。学生在学习新知识前，心理上处于一种平衡状态，而当新知识与旧知识内容或结构出现矛盾冲突，原有的平衡心理会被打破，认知的冲突也随之产生，学生的心理就会失去平衡。学生为了恢复到原有的平衡心理状态，就会发自内心地产生解决问题的需要，而学习则是重建心理平衡的最佳途径。生疑，对于学生学习动机的激发极为有效。

---

① 张梅珍. 启发性教学模式在实践教学中的运用[J]. 科教文汇（上旬刊），2009（7）：21.

"生疑"的趣味性体现在：课堂的初始环节，根据学情选择合适的材料，用以吸引学生的注意力；在导入上，结合教学内容适当地运用灵活的导入策略激发学生的学习兴趣，促使学生产生认知的冲突，产生提出问题、分析问题和解决问题的心理需求。

二、"绽思"环节：进阶教学的关键

在"生疑—绽思—活用"进阶教学模式中，"绽思"是第二个基本环节，是整个教学模式的关键。绽思，注重学生的思维培养，绽放并拓展学生思维，以"问题驱动"实现"深度教学"为途径，让课堂充满灵动、生机和活力，着力促进学生对知识的理解，提升学生核心素养。一个绽放思维的进阶教学课堂，必然能最大限度地接近学生的真实思维，使学生的思维得到展示和完善，并且能给学生一个安全的心理空间。

亚里士多德曾说过，思维自疑问和惊奇开始。有了问题，思维才有方向；有了问题，思维才有动力；有了问题，思维才有创新。"绽思"是以问题情境为导向的深度教学，让学生在思维品质的广泛性和深刻性上得到锻炼，让学生真正在课堂上有一定负荷的思维活动，促使学生绽放思维，从而深切地感悟并理解知识。

（一）教学要素

1. 探究启发，激活思维

思维是黑暗中的一盏灯，是迷失中的指南针，是认知的灵魂，更是形成各种能力的关键，而进阶教学描述的学习路径，包括知识以及学生学习知识时运用的思维方式。思维在智能系统中处于核心地位，一个不会思维的学生，不会是智慧的学生。提高学生的思维，关键在于使他们具有敏锐的思维能力、良好的思维品质和深广的思维空间。要达到这一目的，就要优化进阶教学课堂，培养学生主动、积极的探究文本信息的习惯和能力。[①]

在教学过程中，教师要善于运用探究式教学方式和启发式教学方式，引导学生对问题与知识进行探究，启发学生深入思考，促使学生已有的知识经验与新问题产生矛盾而进一步产生认知冲突，学生为消除认知冲突以实现新的认知平衡会迅速激活旧的知识结构，从中选择和接受相关信息，并对信息进行有目的的加工。这样能够有效地唤起思维注意，激起思维兴奋点，以饱满的激情投入新的学习中。学生产生的认知冲突可以帮助自我明确学习任务，确定学习方向，产生自主学习的动机。再者，教师在设置问题时要注意层次性，所设置问题的难度应该是循序渐进、由易到难的。教师提出的问题必须能够激活学生的思维，诱导学生主动思考，最终使得学生能够通过自己的努力，运用知识解决具体问题。

2. 智慧碰撞，发展思维

培育学生的思维品质，构建以思维为核心的教学体系，是发展学生核心素养和进阶发展的重要途径。学生智慧的火花常常在交流中绽放精彩，充分利用和发掘教材的资源，通过对文本的学习，借以形成学生的学习意识，培养学生的学习能力，发展学生思维的深刻性和广阔性，能更好地提升学生的素养。

---

① 潘桂法.核心素养视域下中学语文教学实践与策略研究[M].杭州：浙江工商大学出版社，2018：89.

课堂上，培养学生的思维素养，关键在于善于刺激反应，创造时机，让学生从多个角度分析问题，找到多种思路来解决同一个问题，激活学生的思维，让他们的交流产生智慧的火花，进行智慧碰撞，获得自我的丰富与发展。学生的思维只有被有效激活，在思考问题、分析问题时才能全面合理，才能产生新的看法，才能培养学生的创新思维能力，帮助学生获得成功的体验，形成积极乐观的心态。因此，培养和发展学生的思维品质，构建以思维为核心的进阶体系，是实现进阶教学目标和发展学生核心素养的重要途径。

（二）教学原则

1. 发展性

时代在发展，教育内容和教育方式也要与时俱进。在信息多元化的今天，受教育者不断受到来自外界的"信息袭击"和"教育攻击"。发展性在于教育活动要有利于受教育者的知、行、意、行的发展、审美的发展，以及行为策略的发展，满足受教育者的未来价值需要。[1]因此，受教育者要不断追求自我的突破和发展，这样才能在激烈的竞争中脱颖而出。

"绽思"的发展性，是指除了注重知识的获得外，还要重视学生思维能力的发展；不仅要注重结果，更要注重学生的发展和变化的过程。"绽思教学"是发展性的课堂教学。从某种意义上说，学生思维品质的形成与教师的发展性思维有着极为密切的联系，教师思维的开放与发展是实施进阶教学的关键。

---

[1] 陈丽如.可接受性原则和发展性原则对现代德育的意义［J］.成都教育学院学报，2006，20（12）：22-23.

2. 主体性

孔子提出的"因材施教""有教无类",被认为是主体性教学原则的萌芽。近现代众多教学论思想体系的核心都聚焦在如何在教学过程中构建和凸显学生的主体地位的问题上。"主体性"核心强调承认并尊重学生在教育活动中的主体地位,充分尊重学生的个性差异,尊重学生的认知水平和思维发展的差异,将学生看作能动的、发展的个体,坚信每个学生都有发展的潜能,不包办、不强制不同个性、不同水平的学生同向、同时发展,允许学生对同一问题有不同的见解和看法。

"绽思"的主体性,主要是指鼓励学生质疑、解疑,积极参与讨论,逐步构建学生的主体地位。学生是课堂学习的主体,教师的"教"要紧紧围绕学生的"学"来进行,让学生探究问题时碰撞思维,绽放思想,建构新知识,从而让认识和思维上升到一个新的"台阶"。虽然新课程改革理念突出了学生的主体地位,但我们也不能够忽视教师的引导作用。

3. 民主性

民主性原则是指教师在课堂教学过程中对学生人格、个性、主体地位及其他方面全面尊重的状态、现象。① 教学民主性主要体现在充分尊重学生自由想象、大胆提问的权利,尊重学生的个体差异,尊重学生自由选择行为方式的权利。教师要转变传统的教育观念,树立新型的教师观和学生观,充分尊重学生的意见和建议,与学生共同探

---

① 李年终.关于课堂教学民主性的思考[J].广西社会科学,2002(2):215-217.

讨、学习和进步，做到教学相长，共同促进。在日常的生活中，教师要放下"架子"，拉近与学生的距离，做到平易近人。

"绽思"的民主性，主要是指在师生多维互动时，创设宽松、自由、民主的课堂氛围和心理环境，消除学生在课堂上的紧张感、焦虑感和压抑感，促使学生的思维处于放松和活跃的状态，鼓励学生自由想象、大胆提问，尊重学生自由选择学习方式的权利，尊重每个学生的个性和气质，尊重学生的合理要求，鼓励学生积极主动地参与进阶教学活动，并提出建设性的意见和建议。

三、"活用"环节：进阶教学的终点

在"生疑-绽思-活用"进阶教学模式中，"活用"是第三个基本环节，是整个教学模式的终点。孔子曾提出："举一隅不以三隅反，则不复也。"他还要求学生"由此以知彼""举一反三"，这些都是指先前的学习对以后的学习的促进，是学习中的迁移"活用"现象。在学校教育过程中，教师不仅要向学生传授知识，更重要的是让学生学会学习，掌握获得知识的方法，使学生在学校里获得的知识、技能可以用来解决将来在学习中遇到的新问题，使学生学会学习。

"活用"，一般指灵活运用；在教育学上指学习者能将所学过的知识和技能进行表达和应用，还能够举一反三、触类旁通并进一步将学的知识进行推广类化，即在学习过程中遇到新的问题时，能够利用先前知识的积累和学习经验解决现在面临的新问题，并从中有效获取新的知识。

（一）教学要素

1. 迁移运用，内化于心

建立新旧知识之间的联系，实际上就是利用已有的知识经验对新的学习产生影响，即学习中的迁移运用。学生如果能将其运用于学习的实践过程中，那么在遇到新问题时，就能将新问题融入自己原有的认知结构，通过原有的认知结构来理解新知识，解决新问题。[①] 在教学中，不同的学生可能有不同的知识结构和认知水平，因此他们对于同一问题的理解也就会存在不同。运用"活用"方式不仅能够解决新问题，而且巩固发展了原有的知识，使学生的知识结构不断的丰富和完善，还能够让学生学会运用"活用"方法来解决问题，透过不断变换的问题看到本质，提高学生分析问题、解决问题的能力。

在教学中运用迁移"活用"方式，就是让学生学会学习。学生学会学习，是通过教师的"教"内化为学生的"学"而实现的。教师不仅要教会学生知识，而且要教给学生学习知识的方法。那种靠布置大量的作业让学生机械地去记忆的方法虽然也能取得高分，但不能使学生掌握有效的学习方法，在遇到新问题时不能自己解决。要努力达到"教是为了不教"这一目的，让学生在掌握知识的同时学会学习的方法，用已有的知识去解决新的问题，把迁移"活用"方式正确运用在学习的实践过程中，让学生在问题中加深对知识的理解，实现知识的迁移和认知结构的重建。

---

① 王小芳.迁移理论在小学语文教学中的应用研究[D].济南：山东师范大学，2010.

2. 拓展延伸，触类旁通

拓展延伸教学内容，是教师根据教材内容和学生的认知能力，将书本知识与课外一些有内在联系的知识结合起来进行举例论证、实践应用和追因溯果的过程。

教学内容的拓展，一方面是对学科新旧知识之间的联系进行拓展，引导学生对已有知识进行整合、加工，从而生成新的知识；另一方面是将学科知识与生活中的实际问题进行联系，帮助学生加深理解，增强实践能力。再者，根据教学内容的需要，鼓励学生对教材进行拓展、推测、想象、创新和补充，如组织学生对书本知识进行改编和补充，让学生还原教材、活化教材，变抽象为形象，变深奥为浅显，变枯燥为生动。教材往往受书面形式限制，"言虽尽，意未犹"，给学生留下了自由想象和思维推理的空间，这是提供给学生大胆想象、大胆创新的机会，通过改变学生的思维方式，对教材进行重组，培养学生思维的变通性和灵活性。对于拓展的"深度"，应基于学生的认知能力，考虑学生的最近发展区，既不能低于学生现有的认知水平，又不能超出学生的最近发展区，以此促进学生触类旁通，进一步将学的知识进行推广类化，从而有效获取新的知识。

（二）教学原则

1. 灵活性

灵活性，是指事物具有发展、变化的特性。活用，即是学生灵活运用所学知识或解决实际问题，达到能力"进阶"的真正目的。"活用"具有灵活性的特点，教学内容不是一成不变的，而是变化发展的。教材上的一些知识、观点较为陈旧，不能体现与时俱进。这时，教师就要用发展的眼光选取教学内容，以便于学生学习新知识。

2. 多元性

许多教师的教学仅仅局限于教材内，只会围着教材转，不敢越雷池一步。因此，学生的知识面也局限于教材，知识面狭窄，不能满足现代社会对学生综合素质的要求。教师应改变教学观念，适度拓展教材内容，扩展学生的知识面。拓展教材内容，要以学生的认知需要和原有的认知结构为出发点，追求文本的多元解读，以教学内容为信息之源，纵横延伸，立体展开，恰当地引进与教学相关的内容，为学生知识的学习、能力的培养和情感的体验构建认知框架，发展和完善学生的认知结构。

3. 迁移性

"活用"理念对于进阶教学具有重要的指导意义。首先对于教师来说，运用"活用"理念来指导教学，能够更科学地安排教学内容，发掘学生认知的规律，按照实现学习效率最大化的原则进行教学内容的安排；其次对于学生来说，"活用"理念能够培养学生的自主学习能力和独立思考能力，使学生从根源上掌握学习方法，学会学习。在这一过程中，教师起到抛砖引玉的作用，利用有限的教材内容的学习作为学生掌握学习过程的引子，使学生在练习中将所学的知识加以巩固拓展，有助于学生学习能力的迁移。

第二节 "生疑－绽思－活用"进阶教学的具体操作

在"生疑－绽思－活用"进阶教学模式中,"生疑""绽思"和"活用"每一环节在教学设计中都应以生为本,根据教材内容及学情创设生动的情境,让学生"生疑",然后根据确定的核心问题引发学生的思维向深度、广度不断发展。在引导学生自主探究的过程中,要注重体验式教学,加强实际操作,让学生在做中学,在质疑辩论中明晰,在思维训练中促进学生能力进阶发展。现以小学数学"空间与图形"进阶教学为例,具体阐析"生疑－绽思－活用"进阶教学模式的操作程序。

一、"生疑"环节:问题引领,探究未知

《义务教育数学课程标准》倡导数学教学要紧密联系生活实际。空间与图形的教学在生活中可以找到相应的模型。丰富的情境所承载的是生活中鲜活的问题,教学时应从学生的生活经验和已有的知识出发,利用生活中的实物、实物图片,给学生呈现"现实的、有意义的、富有挑战性的"图形材料,使学生从这大量的表象中充分地得到感知,触发问题意识。爱因斯坦曾说过,提出一个问题往往比解决一个问题更重要。因为问题是引领学生开展自主学习活动的主线,是学习活动的核心;所以培养学生的数学问题意识,就能引领学生的能力提升一个台阶。

（一）课前先学，思考生疑

课前先学，就是在学生学习新知之前，教师以学生的认知发展水平和已有经验为基础设计核心的开放性的问题，让学生独立回顾与所学内容相关的知识经验、生活经验和思维经验，并发现经验与新知的冲突，也就产生疑惑并提出自己的问题，主动尝试思考解决，为学习新知识做好准备的活动。先学是"自主学习"的源头活水，催生了学生的内驱力，能使学生在实现自我需要的过程中获得智慧、体验乐趣。

例如，在《比的意义》一课中，教师设计了这样一个核心问题：你在生活中遇到或听到过"比"吗？你理解吗？学生的课前先学作业很丰富，按自己的经验写出了他们认知水平的"比"。

生A：妈妈买衣服时逛了好几家店，比一比谁家的便宜就在谁家买。"比"就是对比。

生B：五年级竞选班长时，用投票方式，比比谁的票数多。"比"就是比较多少。

生C：足球比赛时，美国队与中国队的比是1比0。"比"可以用来记录比赛的分数。

生D：我在药瓶子上发现了"比"。"比"可以表示不同药物成分的比例。

生E：我在地图上发现了"比"。我知道"比"是可以用来表示图上距离和实际距离的关系。

……

在这个学习"台阶"中,学生的记录折射出他们在学习前对"比"懵懂的认知,与"比"的意义存在差异。这些真实的想法正好给课堂学习提供了学习资源。课前先学,给了学生充分的尝试独立思考的时间,把课堂"有限"的时间改写为"无限"。这样学生就有了疑惑:数学上的"比"有这么多意义吗?"比"究竟表示什么呢?"比"与什么有关系呢?学生有了这些"疑问",就能深入思考理解知识,变学为思,变学为诱。这样的自主先学,可以确保每一位学生都能独立思考,为后续的小组讨论、班级展示交流奠定基础;也可以课内讨论,教师的教学重心放在指导学生的思维方式上,把时间集中投入更有探索价值的数学活动上。这样就提高了教学效率,使学生的学习活动更加深入,思维得到进阶。

(二)利用素材,引导生疑

现实生活中有许多可供数学学习的素材。因此,在课堂教学中,我们力求联系生活实际,充分有效地利用有价值的生活素材来补充教材,重组教材内容,创编教材。教师尽量把教材内容与学生的生活实际结合起来,把数学课本知识与生活中的数学问题结合起来,让学生在熟悉的景与物、人与事、学习与生活中发现数学问题,用数学知识解决生活问题,体验数学与生活的紧密联系。如:四年级教材"三角形的认识"中的一组单车(修理)彩图,就是一幅问题情境,我们应该引导学生去观察、去联想,去思考,使学生产生一串问题:"为什么这些物体都采用三角形框架构成?""能不能用其他图形代替?""三角形有什么作用?"由此唤起学生的强烈探究欲望,促使学生主动参与求知活动。

（三）创设情境，引发生疑

新课标把"是否具有问题意识，是否善于发现和提出问题"作为评价学生能力的重要标准。心理学研究表明，学生思维活动是从问题开始的，在解决问题中得到发展。创设问题情境就是要将学生置于问题研究的气氛中，使学生主动地发现问题、提出问题、分析问题和解决问题，以此来培养学生的问题意识。教师在创设问题情境时，要在结合知识和问题本身需要的同时关注学生的实际生活经验需求。如：教"比例尺"时，通过出示中国地图引导学生观察，提出问题："中国土地面积那么大，是怎样把它画在一张纸上的呢？""湛江到广州有多远？"让学生在头脑中产生疑惑"地图是按什么标准画出来的呢？"在教学中，创设情境的方法有很多，可以借助学生的生活事例、所见所闻创设有趣的活动情境、问题情境、故事情境等，让学生提出问题，激发好奇心，增强探究欲。

二、"绽思"环节：亲历过程，思维进阶

"图形与几何"相对于"数与代数"来说，是一个抽象而复杂的教学，因而在实施这部分的教学策略时，要特别注意运用多种操作活动、多种学习方式表征几何图形的本质特征，让学生在亲历探究过程中认识图形。

（一）课中导学，思辨启迪

学生在"先学"的时间内完成自己能力范围内的学习活动，把所有的疑惑记录下来，以备课内小组讨论。教师有选择地把学生提出的有针对性、代表性的问题集中探讨，如同桌式、小组式、异组式、

师生式讨论等。这种分析问题和解决问题的方式，大大有效地拓展了时间和空间，让学生的观点产生碰撞，思维得到启迪，思辨能力得到锻炼。

（二）加强操作，深化认知

教学过程是一种积累和获得经验的过程。在每堂课中，都应有操作的过程，让学生体验学习绽放个性思维，深化认知。例如，对于测量长度的学习，教师可以鼓励学生结合生活经验尝试用不同的"单位"测量某一物体的长度。如，学生可能选择用铅笔、橡皮的长度等测量讲台的长度，这些铅笔、橡皮的长度就相当于一个一个的"单位"。在测量过程中，有的学生可能得到7支铅笔长，有的学生可能得到35块橡皮长等。无疑，这些活动不仅仅应该在测量长度中鼓励学生从事，还可以在测量面积中、测量体积中、测量角度中不断进行教学设计，这对于学生逐渐体会测量的意义是非常有好处的。然后学生会在互相比较中，深刻体会到要使沟通更加方便，统一测量单位是非常必要的。

（三）数形结合，活跃思维

"数形结合"可以借助简单的图形、符号和文字所做的示意图，促进学生形象思维和抽象思维的协同发展，加强数学知识之间的联系，从复杂的数量关系中凸显最本质的特征。其主要策略有：（1）通过数形相助，帮助学生理解较抽象的数、数量关系，促进学生逻辑思维能力的发展；（2）通过数形相辅，使学生能将表达空间形状、大小、位置关系的语言或式子与其具体的形状、位置关系结合起来，建立数与形之间的对应关系，从而提高学生的空间想象能力；（3）通过数形相依，让学生展开发散思维，便于学生揭示数学问题的数量关系，激发学习兴趣；（4）通过数形相构，引导学生突破习惯性思维定势的约束，用数形结合的思想，开拓学生解题思路，培养学生的创造思维能力。如：我们常用画线段图的方法来解答有关图形应用题，这是用图形来代替数量关系的一种方法。我们又可以通过代数方法来研究几何图形的周长、面积、体积等，这些都体现了数形结合的思想。

三、"活用"环节：应用拓展，能力进阶

数学来源于生活，又服务于生活，这是数学学习的意义所在。"空间与图形"的教学要使学生"运用图形与空间的知识解决现实生活中的问题并进行交流"，只有紧密地联系生活实际，强化在实际生活中的应用，学生的空间观念才能形成、发展和进一步的巩固和提高。进阶教学的"活用"环节，就是训练学生灵活运用所学知识解决实际问题，达到能力真正"进阶"。

（一）回归生活，设计体验

实践应用不是练习题技能操练，而是一个学以致用的解决问题的过程。教学中，教师引导学生运用所学的"空间与图形"知识，解决现实生活中的问题，可有效地实现数学与生活的沟通，提升应用能力，凸显"回归生活学数学"的思想。如在学完《圆的认识》新课时，教师让学生用一些小木条和硬纸片等设计"下水道的盖子"，并想想："下水道的盖子为什么这样设计？"学生设计出来的有长方形、正方形、椭圆形、花心形、圆形等。学生设计的理由主要是说："因为这样的盖子好看。"这时教师又追问："这样设计行吗？能否用数学

知识去解释？"经过讨论交流和操作验证后，学生就明白："因为同圆的直径都相等，圆形的盖子翻起时，它不会掉下去。"这样，学生体验到生活中处处有数学，处处用数学，体验到用数学知识解决生活问题所带来的愉悦和成功。

（二）联系实际，解决问题

在教学时，教师应着眼于学生已有的生活经验和实践经验，开阔学生的视野和学习的空间，最大限度地挖掘学生的潜能，使学生的体验学习与生活密切联系，提高运用所学知识解决实际问题的能力。如，学生学习圆的有关知识后，教师出示了一道实践开放题："学校教学楼有六条大圆柱，它们的占地面积有多大？你会求吗？"一开始，学生认为这是一道较难的题目，不能切，不能移，怎么办？经过讨论交流后，学生也就能够通过测量大圆柱的周长计算出半径，然后求出六条大圆柱的占地面积。这体现了学生不但能够亲自实践，而且能够运用数学知识解决生活中的实际问题了。

（三）分层练习，拓展运用

在"空间与图形"的教学中，不应该只关注学生对知识的探究过程，还要及时安排丰富的、多层次的数学练习，绽放思维，学生通过练习拓展和运用知识，探索获得的方法、特征、结论更为深刻，并且内化成一种稳定的、清晰的知识结构，进而有效地发展学生的空间观念。只有重视了练习的层次、维度、效度，才能使学生将所学知识运用于实际，达到拓展和运用知识的目的。

"空间与图形"作为小学数学四大内容领域之一，在数学教学中占有重要的地位。小学数学"空间与图形"进阶教学的探究，有利于了解和研究学生的认知水平，更加关注不同层次学生的思维特点，能有效帮助学生发展空间观念，激发学生的学习热情，进而提高学生在空间与图形学习上的效率。

第三节 "生疑－绽思－活用"进阶教学的实施路径

"生疑－绽思－活用"进阶教学体现了新颖的理念，"生疑－绽思－活用"进阶教学模式在教学实践中也彰显了蓬勃的活力。在课题研究的历程中，我们通过制定行动研究方案、推进课例研究实践和落实校本研修机制，不断探索、提炼、完善和推广"生疑－绽思－活用"进阶教学模式，从而为"生疑－绽思－活用"进阶教学模式的建构与创新寻找了一条行之有效的实施路径，也为课堂改革打开了新局面。

一、制定行动研究方案，探索进阶教学模式

行动研究是一种研究取向、一种专业实践形式、一种研究过程，对于教师来说它是一种反思性的教学方式。教育行动研究是目前国际上流行的一种教师研究和教师校本研修模式，它强调以工作在教学第一线的学校教师为研究的主体，针对自己在学科教学和班级管理中所出现的种种问题，在校外专业教育研究人员的指导下进行诊断和分析，找出问题的原因，制订解决问题的具体计划和方案，并对实施结果进行评估。如果评估结果不佳，或出现其他的问题，再进行诊断、

分析，制定进一步方案，进行实施和评估，如此循环往复，使教师的教学和管理行为不断得到改善与提高。行动研究就是实践研究，其基本原则就是改善实践。行动研究的过程，是一个不断澄清研究问题（即证伪）的过程，也是不断明晰问题解决策略的过程，这一过程体现了螺旋性和递进性。通过制定"生疑—绽思—活用"进阶教学行动研究方案，开展行动研究实验，是探索进阶教学模式建构与创新的重要路径之一。

（一）进阶教学行动研究方案的要求

1. 对象。本次行动研究的人员是教师与学生。学生既是学习者，也是研究者与实践者；教师既是研究者，也是设计者和指导者。

2. 时间。本次行动研究历时一年，每个试验的周期为3个月。

3. 研究方法。主要采取行动研究方法。通过行动研究，深入探索"生疑—绽思—活用"进阶教学的理论内涵、模式建构和实施策略，在多次的研讨交流中寻找亮点、发现问题和弥补短板，不断修订完善教学方案，提高教学实效。

4. 准备工作。行动研究的对象是湛江经济技术开发区第一小学低、中、高年级三个实验班学生，组建小学语文、数学和英语三个学科的行动研究小组；以教学质量提升和核心素养落实为宗旨，开展三轮以上"生疑—绽思—活用"进阶教学行动研究实验，深入探索"生疑—绽思—活用"进阶教学的模式构成、操作流程和实施路径，从而明确其模式建构。

5. 基本目标。依托行动研究实验，探索"生疑—绽思—活用"进阶教学模式建构，形成具有学习借鉴价值的典型案例，提高课堂教学实效，培养学生的问题意识、实践能力和创造性思维，发展学生的核心素养。总结"生疑－绽思－活用"进阶教学模式的创新与实践所获得的有效经验，并进行应用推广，为广大一线教师提供学习借鉴。

（二）进阶教学行动研究方案的设计

1. 第一轮行动研究的设计

（1）目标：探索"生疑－绽思－活用"进阶教学的基本内涵和模式建构。

（2）内容：围绕基本内涵和模式建构开展教学模式创新探索。

（3）行动：实验教师上第一轮研讨课。

（4）观察：观察进阶教学理念与模式在课堂实践中的落实情况，以及教师和学生在教学活动各环节中教与学的表现。

（5）反思：探讨第一轮教学实验是否达到预期目标，反思存在的问题，修改并完善教学设计。

2. 第二轮行动研究的设计

（1）目标：探索"生疑－绽思－活用"进阶教学的模式建构、实施策略和典型案例，发现问题并提出改进策略。

（2）内容：围绕模式建构、实施策略和典型案例进行研究与改进。

（3）行动：比较第一轮的研究，完善教学设计，进行第二轮实验，实验教师上研讨课。

（4）观察：观察进阶教学模式各个环节的实施效果，看教师和学生分别在进阶教学模式中的教学表现和学习表现，并比较与第一次行动研究的异同。

(5) 反思：反思本次实验是否改进存在的问题，是否已接近预计目标。

3. 第三轮行动研究的设计

(1) 目标：进一步印证"生疑—绽思—活用"进阶教学模式的可行性和实效性。

(2) 内容：围绕"生疑—绽思—活用"进阶教学模式的建构与创新进行研究和验证。

(3) 行动：比较第二轮的研究，完善教学设计，进行第三轮实验，实验教师上研讨课。

(4) 观察：观察进阶教学模式的教学实效性，以及教师和学生在课堂中教与学的表现。

(5) 反思：比较第二轮行动研究，本轮实践验证重在理清进阶教学模式各环节的科学性，同时提炼典型案例，提升教师的研究力。

三、推进课例研究实践，完善进阶教学模式

课例研究起源于日本，是以学生学习和发展中出现的问题为研究对象，以教师为主导通过集体合作确立主题、设计教案、上课和观课、评价与反思以及分享成果等促进教师专业发展，进而促进学生学习和发展的循环过程。课例研究是行动研究在课堂中延伸出的一种深化模式，其本质上依旧是一种行动研究。课例研究的主要特征包括研究性、合作性、情境性和间接性。在课例研究中，教师能通过实践、观摩、反思、交流、探讨等活动，实现价值共享、共同创造、共同成长、共同探索、共享生命体验的教师专业成长共同体的过程。课例研

究增强了教师的科研意识，助推了教师自身专业化水平的提高；同时实现学校"教学与研究的一体化"，引领学校教研文化，提升学校教育科研水平。根据行动研究方案，推进"生疑－绽思－活用"进阶教学课例研究实践，提炼并完善进阶教学模式，是实现进阶教学模式建构与创新的重要路径。课例研究的实施步骤主要包括确立主题、设计教案、上课与观课、评价与反思、分享成果等至少五个步骤。现简要阐述"生疑－绽思－活用"进阶教学课例研究的步骤。

（一）确立主题

研究主题来源于教学实践中存在的问题，只有从现实问题中确定的主题才具有研究的价值，才是课例研究真正的起点。实际上，发现问题只是课例研究主题确定的第一步。在发现问题之初，教师对问题的认识和理解在很大程度上仍是模糊的，有待进一步厘清。因此，从问题发现到主题确立还有一个不断精致化的过程。教师确定的问题必须是围绕着学生的，是学生目前遇到的问题或将来可能会遇到的问题，而不是教师主观臆想出来的问题，通过解决该问题能够促进学生的学习和发展。为了做到这一点，就需要对学生进行观察和充分了解，一旦明确了研究问题，就可以将其提炼成研究主题。

"生疑－绽思－活用"进阶教学的课例研究主题，就是"如何在课堂教学中有效实施'生疑－绽思－活用'进阶教学模式"。这是一个统领性的、明确的研究主题，指引着教师不断探索进阶教学的模式建构与创新。

（二）设计教案

在课例研究中，教案有着极其重要的地位和作用。美国学者将其视为课例研究的基石,日本教师则认为一份详尽的教案是课例研究能否成功的关键所在。课例研究中研究课设计不同于传统教案设计。首先,研究课设计是由课例研究共同体内所有成员共同参与完成的,强调教师集体备课;其次,研究课设计基于传统教案根据研究主题进行设计而来,既有共性又有特性;再次,研究课设计之初需要教师开展实证性的学情分析,以便真正了解学生已有的知识基础、经验、兴趣,学习新知识可能会遇到的困难以及适合学生学习的方式等;最后,研究课设计需要在查阅资料的基础上进行,对于如何解决确定的问题要有较为清晰的认识。

基于"生疑—绽思—活用"进阶教学模式的教案设计,应充分考虑学生的最近发展区,按照"生疑""绽思"和"活用"三个基本环节来设计教学的关键环节,同时彰显进阶教学理念。

(三)上课与观课

在课例研究中,上课是对研究课设计的检验,观课则是为了从课堂实践中发现问题和不足从而进一步修改研究课设计。这两部分是缺一不可的,因为正在上课的教师必须对学生的反应立即做出判断,没有充裕的时间去思考这么做是否合适或者能否做得更好,而观课教师则正好可以弥补这一缺陷。这使得上课的教师能够更加客观地了解自己的教学。另外,集思广益的研讨为下一轮研究课设计提供丰富的资源。

根据"生疑—绽思—活用"进阶教学模式,实验教师按照经过集体备课设计好的教案进行上课,形成研究课例;而观课教师按照《基于进阶教学的教师教学效果评价表》进行观课。这显然不同于一般常态课的观课，要求观课教师带着课前安排好的研究任务，以特定的观察点有针对性地观课，以求达到研讨交流解决问题的理想效果。

（四）评价与反思

在课例研究中，评价与反思是一个甚为关键的环节。在这一点上正如佐藤学教授所言："研讨教学问题的目的绝不是对授课情况的好坏进行评价，因为对上课好坏的议论只会彼此伤害。"[①] 评价与反思的焦点应集中在授课中的"困难"和"乐趣"、学生的反应、通过该实施课例是否达到了预期的目的以及如何进一步完善等方面，其目的是为了进一步修改教学设计，以更好地解决学生学习和发展中的问题。通过课例的研讨分析，对教师在课堂教学过程中的关键点进行剖析和评价，既有充分的肯定，又有一针见血的缺失指正，使与会教师具体形象地领悟了课堂教学中"关键事件"的把握和处置方法，思考教学行为跟进，上课教师根据课例研讨和评价意见撰写教学反思。

在"生疑－绽思－活用"进阶教学课例的评价与反思中，要探讨教学实验是否达到预期目标，反思存在的问题，修改并完善教学设计；验证进阶教学模式各环节的科学性与可行性，同时提炼典型案例，提升教师的研究力。

（五）分享成果

在一个课例研究结束后（并非一轮），教师一方面解决了学生遇到的问题，另一方面也提高了课堂教学质量，促进了自身的专业发

---

① 佐藤学.静悄悄的革命：创造活动、合作、反思的综合学习课程[M].李季湄,译.长春：长春出版社，2003：67.

展。教师通过与他人分享和展示自己的成果，不仅可以对其他教师产生积极的借鉴作用，还可以激励自己进一步开展课例研究以获得更深层次的发展。教师共同的合作与成果的分享，让课例研究更富有价值和意义。

对于充分体现"生疑－绽思－活用"进阶教学模式并获得良好效果的优质课例，学校把其视为十分重要的教学研究成果，在校内外进行展示与分享，让更多的教师学习借鉴，从而达到教学模式推广应用的目的。

三、落实校本研修机制，推广进阶教学模式

校本研修，是以学校为研修基地，以教师为研修主体，以学校和教师在教育教学中的实际问题为研修内容，以专家引领、同伴互助、自我反思为核心要素，以解决问题、改进教育教学实践为导向，以提高教育教学质量促进学生主动健康地成长，以引导教师体会到教育创造的意义和快乐促进教师专业成长，来实现学校的发展为基本目的的一种集工作、学习和研究三位一体的学校活动和教师行为，是一种教师个体学习和教师群体学习相结合的学习方式和工作方式。校本研修，从根本上说，是一种以人为本，以促进教师发展和提高教学质量为目的的研究和培训活动。

2012年3月，林文智校长主持的市级重点课题《构建"四环二维"校本研修模式的实践与研究》获得立项。经过五年多的实践与研究，我们构建了"四环二维"校本研修模式，形成了完善的校本研修机制。"四环"是校本研修实施过程的四个环节——明理、导行、思辨、升华。"二维"是将实施过程分为"人人提升型"和"骨干创新

型"两个维度推进实施。这一模式旨在建立教师成长机制，构建完善的教师培养体系，促进教师的教学教研能力，实现不同层次教师的不同发展，特别是对骨干教师的"二次发展"。我们依托成熟的"四环二维"校本研修，围绕"生疑—绽思—活用"进阶教学模式开展扎实有效的校本研修活动，从而在全校推广进阶教学模式。

（一）学习理论，深化进阶教学理念

课程改革实质上是教学理念的革新，而新的教学理念的形成要靠教育者的理论学习去提升。有教育专家指出，没有理论上的成熟就没有真正意义上的成熟。这是因为理论上的成熟意味着思考问题是从本体论角度，全面、系统、辩证地思考，而不是从事物的现象、片面、教条地思考。作为教师，只有重视并加强理论学习，才能不断丰富自己的理论素养，及时革新教育教学理念，从而适应教育发展的要求。"四环二维"校本研修把教师理论水平的提升摆在十分重要的层面，其第一环节就是"明理"，注重教师的理论学习，要求教师学习先进的教育理论，然后经过实践反思而形成先进的教育理念。

我们通过专家讲座、研读书籍、分析案例等研修方式，以科组为单位，定期组织教师学习进阶教学、课程标准、核心素养、最近发展区、脚手架、建构主义等理论，拓宽教师的理论视野，提高教师的理论水平，促使教师对"生疑—绽思—活用"进阶教学理念加深认识和理解，深入把握"生疑—绽思—活用"进阶教学模式的基本环节和操作流程。

（二）团队互动，激活进阶教学智慧

校本研修重在互动，尤其是团队互动。在研修活动中，通过团队互动，营造民主平等的氛围，实现真正意义上的教学探讨，一改过去在教研活动中，大多是教研组长唱"独角戏"，教师是被动地听、记，缺乏主动性的状况，以实现共同探讨、共同提高的新局面。团队互动，也为教师之间架起相互交流与合作的桥梁，使教师学会与人相处，学会交流、表达和反思，学会尊重不同意见，学会从不同意见中找寻教育创新的途径。在"四环二维"校本研修中，团队互动一般是以教研组或特定的研修团队为单位来进行的，体现了小组交流、相互合作的特点。有道是：三个臭皮匠，胜过一个诸葛亮。这道出的正是团队互动、集体研讨所形成的强大智慧合力。

我们通过专题会议、案例推介、集体思辨等研修活动，对"生疑－绽思－活用"进阶教学模式的实践情况及效果进行研讨交流。在团队互动中，教师实现了思维的互补、智慧的交融、情感的沟通，更重要的是提高了解决教育教学疑难问题的能力，专业素质得到了培养。

（三）引领示范，提高进阶教学实效

随着新课程改革的深入展开，新的课程标准、新的课程理念、新的教材教法对教师的知识结构、思维方式、教学能力、教学手段等提出了新的要求，同时对教师的专业能力提出了挑战，教师普遍感觉到缺乏专业理论的引领和教学实践的指导。显然，单靠教师"单打独斗"式学习难以适应教育形势的发展需要，难以有效促进自身的专业水平向更高层次的提升；而基于团队成员共同协作的校本研修，如果没有权威性的学术力量引领和高水准的专业力量支持，那么对教师的专业成长也是难有作为的。因此，学校应当充分挖掘和利用教育专

家、教学名师和骨干带动教师。专家引领的实质就是教学理论对教学实践的指导，是两者之间的对话、互动，这让进阶教学模式建构富有说服力；名师示范起到了榜样激励的作用，促进了进阶教学模式应用的辐射效应；骨干教师是教师团队的中坚力量，开拓进取，敢学敢超，他们有能力带动大家一起实施进阶教学模式。在这三者的示范引领下，我们可以最大化地提高进阶教学推广应用的实效。

综上所述，根据新课改和核心素养的要求，基于学生认知发展水平，探索"生疑－绽思－活用"进阶教学理念，明确"生疑""绽思"和"活用"三个基本的进阶教学环节，总结具体有效的进阶教学模式操作流程，探索进阶教学模式的实施路径，正是"生疑－绽思－活用"进阶教学模式建构与创新的必由之路。这对于深化课堂教学改革、突破传统"灌输式"教学模式的掣肘、提高课堂教学质量具有重要意义和实践价值。

第三章 "生疑－绽思－活用"进阶教学的实施策略

当前，面向低阶思维能力培养的传统"授受式教学"仍普遍存在，大多数中小学课堂教学依旧停留在低阶思维、低阶学习和低阶能力层次上，这显然难以促进学生高阶思维能力的发展，也难以培养学生适应社会发展需要的关键能力和核心素质。因此，突破传统教学模式的掣肘，创新课堂教学的理念、模式和策略，培养学生的高阶思维能力，发展学生的核心素养，成为一个摆在广大中小学教师面前具有挑战性的新课改难题。在课改探索中，我们创新性提出了"生疑－绽思－活用"进阶教学的理念与模式，特别是梳理并构建了有效的进阶教学策略，以求促进课堂教学从"低阶思维"向"高阶思维"的转型，提高课堂教学的质量，发展学生的核心素养。这里，"生疑－绽思－活用"进阶教学的实施策略主要有"生疑"策略、"绽思"策略和"活用"策略，这构成了一个完整的、系统的进阶教学策略体系，为进阶教学模式的有效实施提供可靠的支撑。

第一节 "生疑－绽思－活用"进阶教学的生疑策略

生疑策略,是进阶教学的一个基本策略。学起于思,思起于疑。提出一个问题,往往比解决一个问题更为重要。让学生学会生疑,是改变他们在学习中的被动地位,使他们逐渐变得积极主动的最佳途径之一。学生在学习中能够发现问题并去质疑求证,敢于发表独立见解,不仅能加深对知识要点的理解和领悟,而且能够点燃创造性思维的火花,找到成功的感觉,提高学习的兴趣。在传统的课堂教学中,教师是课堂的主宰者,搞的是"满堂灌""一言堂",对学生实施的是"填鸭式"教学,学生是被动接受知识的对象,没有独立思考的空间,缺少发表见解的机会,个性受到压抑,毫无创造性可言。处于这种状态中,学生失去探究新知的动力和激情,为上课而上课,学习兴趣自然提高不起来。因此,新课程强调教师务必解放思想,转变角色,改进教法。在新课程理念倡导的课堂里,教师要以学生为主体,重视学生的个性发展,关注学生的求知欲望,呵护每位学生探究新知的心灵。教师的教法也由"满堂问"转变为引导学生自主提问,鼓励学生大胆质疑,组织学生合作交流,启发学生探究释疑。

一、设疑导入,激发求知

设疑导入,就是针对教材的特点和学生的实际情况,巧妙设置具体、明确且难易适中的问题导入新课。苏霍姆林斯基说过,求知欲、好奇心——这是人永恒的、不可改变的特性。哪里没有求知欲,哪里便没有学校。学生天生便充满着好奇心,对周围事物都很热忱,对解决问题、探究问题都十分热衷。新课伊始,学生的注意力和思维常常处于分散松弛的状态中,学习兴趣也很难自发产生,因此,教师要精心设计疑问,提高学生对输入信息的注意度,在短时间里把学生的注意力和思维中心聚集到教师所提出的学习目标上,激起学习兴趣,使之产生强烈的学习动机,积极展开思维,产生一种探新觅胜的求知欲望。当然,教师切勿设计没有思考价值的"浅问题"。问题太浅,表面上学生对答如流,实际上起不到应有的作用。同样,也不要设计过难的问题,以免超出了学生的"最近发展区",学生望"问"兴叹,也是不能达到目的的。

于漪妙语导《孔乙己》[①]

凡是读过鲁迅小说的人,几乎没有不知道孔乙己的;凡是读过《孔乙己》这个短篇小说的人,无不被鲁迅先生所塑造的那个受到社会凉薄的苦人儿的现象所感动。鲁迅自己也这样说:"我最喜欢的作品就是《孔乙己》。"为什么鲁迅创作了许多小说,而最喜欢《孔乙己》呢?鲁迅究竟用怎样的鬼斧神工之笔,来塑造孔乙己这样一个形象呢?我们学习课文以后,就可以得到正确的答案。过去有人说,希腊的悲剧是命运的悲剧,莎士比亚的悲剧是性格的悲剧,而易生的悲剧是社会的悲剧,鲁迅的《孔乙己》写的是孔乙己一生的悲剧。读悲剧时人们的心情往往很难过,洒下同情的眼泪;但读《孔乙己》时,

---

① 夏熔亮. 名师精彩课堂导入赏析[J]. 语文教学与研究,2008(5):68-69.

你的眼泪流不出来，心里阵阵绞痛，眼泪往肚子流。那么《孔乙己》究竟是命运悲剧、性格悲剧，还是社会悲剧呢？读课文以后我们就可以找到正确的回答。这篇文章是举世闻名的著作，情深，意深，含蓄，深沉，必须认真阅读，积极思索，好好领会。

夏熔亮老师认为于漪老师这则导语紧扣课文个性，给孔乙己定位，是一个"受到社会凉薄的苦人儿"；给课文定位，是一出悲剧，使学生对课文和孔乙己留下了第一印象。于老师从学生的"最近发展区"出发，巧布疑阵，提出与课文息息相关的三个问题，而且还明确告诉学生答案就在文中，这就留下了悬念，使学生注意力高度集中，产生探究问题的强烈心理，全身心投入到学习中去。

（一）设置悬念，激发思考

悬念可以造成一种急切期待的心理状态，具有强烈的诱惑力，能激起探索、追求的浓厚兴趣。在教学中，若能根据教材，恰如其分地制造"悬念"，同样可以激发学生的学习兴趣，提高教学质量。朱熹说过，群疑并兴，寝食俱废，乃能骤进。设置悬念是激发思维的良方妙药，使学生产生疑惑，引起认知的矛盾冲突，从而很好地激发思考的兴趣，进入乐学状态。教师在导入新课时，巧妙地设置悬念，有意使学生暂时处于困惑状态，使学生投入积极的揭开"谜底"中来，把学生的思维推向"心求通而不能，口欲言而非达"的境地，激起他们探究新知识的欲望，从而达到吸引学生注意力，激发听课热情的目的。一个小小的悬念，会让学生对一节新课的内容产生浓厚的兴趣，从而认真听课，积极思考。

（二）深浅适度，疑而启发

教师在导入时设置问题，能激发学生的学习兴趣，但是并不是任何问题都能激发学生的兴趣。有一些简单的或较难的问题，不仅不能激发学生的兴趣，往往还会抑制学生思维的发展。设疑导入是教师利用学生已学过的知识和经验对教师所提出的问题进行猜测、分析和推理。由于导入环节处于新旧知识衔接处，新知识往往是在旧知识的基础上引申和发展的，在新旧知识过渡的时候，教师通过设计铺垫性提问，启发学生运用迁移规律，沟通新旧知识之间的联系，达到旧知识向新知识过渡的目的。在教学过程中，教师要避免所提的问题含糊不清，过难、过偏或过于简单；还要根据教材的重点和学生的认知水平及学习能力，提出深浅适度，具有启发性的问题，做到问而生思，答有所得，这样才能激发学生兴趣、开拓学生思路，达到理想的教学效果。

（三）问题情境，诱发探究

在课堂教学中，教师通过设置问题而创设问题情境，有利于活跃课堂气氛，提高课堂教学效率。问题情境可以充分利用新奇、疑惑、矛盾等因素去引发学生的思维冲突，诱发思维动机，确立积极的探究心态，并使学生努力从原有的知识结构中选择与问题情境有关的知识，通过组合、改变、分析等进行思维加工，建构新的知识。在新课导入时，教师如能成功地创设问题情境，便能有效地诱发学生探究的欲望，调动学生思维的主动性和积极性，使学生进入最佳的学习状态，充分地体验到学习的乐趣。创设问题情境导入新课，要注意问题与情境两者是紧密相连的。一个好的情境若没有了好的问题做导向，则会迷失方向；而好的问题若缺少了情境的映衬，则会显得呆板单调，缺乏活力。如果说情境是导入过程中想象出的一个虚拟环境的话，那么问题则是这个环境中的指南针。因此，在创设问题情境时，我们首先要紧扣教学目标进行创设，在此前提条件下再考虑趣味性与有效性的结合。另外，问题之间的连接要自然，要让学生在解决问题的同时能够自发地提出问题，真正让学生从自主探究学习中得到发展。

二、精心引疑，开启心智

引疑，即引发学生的疑问。引疑是开启学生探索的心智、促进学生主动思维的有效载体，是课堂教学质量的保障，是提高学生发现问题和解决问题能力的关键。引疑恰当与否，直接关系到学生能否积极自主地参与学习，能否层层深入地分析问题，能否主动探索、建构知识。因此，教师在备课时要加强"问题"意识，精心引疑，关注每节课中每个问题的设置，用问题引导学生思考，用问题帮助学生理解，用问题培养学生的能力。当然，教师应抓住教材的重点和难点以及学生的认识结构，精心设计和提炼一些富有启发性、挑战性，富有价值的问题，引导学生思考方向，扩大思考范围，提高思考层次。

认识长方形和正方形

在《认识长方形和正方形》一课中，教师在课前出示长方形和正方形图片，设计了以下问题：长方形的边有什么特点？角有什么特点？正方形的边和角呢？

生A：长方形长边相等，短边也相等，四个角都是直角。

生 B：正方形四条边相等，四个角也相等都是直角。

教师提示，学习图形，用眼睛看到的认识只是猜想还需要想办法来验证，接着追问：你准备用什么办法来验证长方形边和角的特点？

生 C：我准备了一张纸，用折一折的方法来验证长方形边的特点。

生 D：我用量一量的方法验证了长方形上下两条边一样长、左右两条边一样长。

……

在教学片段中，教师课前设疑，并充分关注学生认知现实，唤起学生对四边形中长方形和正方形的知识表象，通过问题链打开学生的思维空间，促使学生在观察、操作、思考、合作中发现问题并解决问题，重在引导学生从"边"和"角"入手，在探究活动中积累基本活动经验，培养分析与推理能力。

（一）抓住关键，点燃思维

教师通过设疑、引疑和解疑，能使学生的认识水平和思维能力得到提高。但是，教师的教学不是要面面俱到，而是需在关键处着力，所提问题要突出教材重点或难点，"牵一发而动全身"，使问题击中要害，点燃学生的思维，帮助学生扫除学习障碍，调动学生学习的积极性和主动性。这就要求教师课前要真正吃透教材，找到关键问题所在，围绕教学目标，针对重点、难点来精心设计几个关键问题。在当前课堂教学中，教师"一讲到底"的现象不见了，取而代之的是"一问到底"。结果，教师没有抓住关键问题不断发问，使学生忙于作答，没有思维与想象的空间，没有自我的内化，只是一味地跟着教师被动地往前"跑"。表面上，学生兴致勃发，情绪高昂，课堂气氛热烈。实际上，学生不能真正学有所得，思维也得不到应有的训练。可见，教师的提问不能泛泛而为，缺少关键问题。

（二）设置矛盾，引发探究

钱梦龙认为，能否利用矛盾，是问题有没有启发性的关键矛盾，是打开学生思维之门的钥匙，有矛盾才能激发学生思考的兴趣。这种以反问正，以贬问褒的提问方法，钱梦龙称之为"逆问"。问答之间，彼此似乎背道而驰，而实则是反面入手，吊人胃口，激发思维，以求正面解答。在课堂上，学生并不是一上课就对所学习的知识产生兴趣的，并且也不是整堂课一直保持着兴趣。那么，教师就要善于抓住契机，设置问题，吸引学生的注意力，激活学生的思维。教师应当深入钻研教材，抓住突破口，有意地给学生设置问题的"障碍"，形成他们心理上的一种"矛盾"。当学生急于解开这些"矛盾"时，也就意味着进行了思维训练，对课文重点、难点的理解自然也水到渠成。抓住突破口，巧用富于艺术技巧的提问方式，会让学生学得更积极主动。需要注意的是，课堂上设置问题的"矛盾"，应结合学生的年龄特征和知识结构等实际情况出发，不能故弄玄虚，把学生弄得"张冠李戴"，看似懂而实非懂，得不偿失。

（三）分层设问，化难为易

系统论有条重要原理：如果事物越有序化，其效能就越高。可见，解决"序"的问题十分重要。在课堂教学中，教师单靠一两个问题是不够的，要站在高处，从整堂课来筹划，设计出一组系统化的、有步骤的问题，也就是分层设问。分层设问原则实际上就是难易适度的原则。在问之前，教师要根据学生实际水平，对学生的思维、应答能力做出准确的估计，并在此基础上把握问题的难度要求。特别是针对难度较大的问题，教师可把其分解成容易理解的小问题，搭"桥"铺"路"，分散诱导，循序渐进，化难为易，由浅入深。问题难度大都巧设在学生"跳一跳，摘到桃"的层次上，不仅避免了教学内容的杂乱无章，而且鼓励学生的自信心，培养学生思维的逻辑性，从而激发学生探究解决问题的积极性。

三、鼓励质疑，诱发求知

质疑，是指利用证据，提出疑问，请人解答。古人云："疑是思之始，学之端。""于不疑处有疑，方是进矣。"疑是思之源，思是智之本。疑是学习知识的开始，也是探求新知的动力。质疑的过程，实际上是一个积极思维的过程，是发现问题、提出问题的过程。可见，在学习中质疑至关重要。学习倘若不质疑，就如同没有水和氧的生命一样，不可能有勃勃生机，而且迟早会枯竭死亡的。在教学中，有些学生常常是"疑而不问"。有的是怕批评，有的是怕嘲笑，有的是不积极，不重视，不屑问。韩愈在《师说》中说："人非圣贤，孰能无惑？惑而不从师，其为惑矣，终不解矣。"有疑而不问，思维的链条就会断裂，获得新知的途径也会被切断。因此，教师应鼓励学生大胆质疑，学会质疑，诱发学生探求新知的欲望，使学生的思维始终处于一种积极探索的状态，充分调动学生的主观能动性，锻炼学生发现问题和提出问题的能力，培养学生的批判性思维和创新能力。

质疑书本的错误[1]

对于城里学生来说,"落花生"这种植物是比较陌生的。为了让学生对"落花生"有个比较正确的了解,孙双金老师在学习课文前提出了一个问题:"落花生这种植物有什么特点呢?请大家看课文前预习部分的介绍。"

学生都认真地阅读起预习部分,一会儿大部分学生的手都举了起来。孙老师叫了一位学生回答,他站起来引用了书上的一句话:"落花生这种植物有个有趣的特点,它的花落了,能钻进地里结出果实。"

这个学生话音刚落,孙老师马上接过话头郑重其事地说:"书上这句话有错误,请你们找一找,错在哪儿。"

"啊,书上有错误?"学生小声议论着,脸上露出惊讶的神情,不敢相信这是真的,纷纷用疑惑的目光望着孙老师。

"不要看着我,我的脸上没错误,而是书上有错误,请认真读书。"孙老师笑着再次提醒学生。

学生倒是认真看书了,但脸上仍显得茫然。

"请轻声读一读这句话。"孙老师提示道。

学生轻轻地念着,突然一名学生举起了手,然后又一个,有五六名学生举起了手,他们的脸上露出兴奋的神采。

孙老师叫了第一位举手的学生。"老师,落花生的花落了,在地上会枯萎掉、烂掉,不可能钻到地里去。"他试探着说。

"太棒了!"孙老师由衷地称赞道。"花落了还能钻到地里去吗?"

---

[1] 孙双金.让学生学会质疑太重要了[EB/OL].小精灵儿童网站,本文略有改动.

孙老师问全体学生。

"不会，不会。"大家有的摇头、有的摆手。

"那落花生的果实是从哪儿长出来的呢？是根上长出的？是花上长出的？还是……"孙老师因势利导，"请你们看课文旁边的图画。"

通过看图，学生发现落花生的果实不是从根部长出的，也不是从花上长出的，而是从茎上长出来的。孙老师看"火候"已到，就用实物投影仪展示落花生全貌，用笔指着图说："落花生的花落之后，花柄继续生长，伸进地里，花柄前端的子房逐渐长大就结出了花生。"孙老师边解释边画简笔画。

"噢，原来是这样。"学生们恍然大悟。

这时，孙老师面向大家说道："书上也有错误，你们能迷信书本吗？"

"不能。"

"你们能迷信老师吗？"

学生一愣，旋即回答："也不能。"

"对，老师和书本上都会出错，如果你们发现问题要大胆地指出来，不能迷信！如果谁发现了我的错误，给我提出来后，我就拜他为师！"孙老师一字一顿地说。

学生的脸上都露出了灿烂的笑容。

在课堂上，当学生不敢质疑时，教师应该怎么办呢？是维护师道尊严，显示教师的绝对权威，压制学生的质疑，还是积极地消除学生的心理障碍，鼓励学生大胆质疑和探究？面对学生不敢质疑书本错误的情况，孙双金老师引导学生观察和思考，鼓励学生要敢于大胆质疑，证实书本的错误。这样一来，课堂教学就变得精彩而有效了。

（一）平等对话，增强自信

师道之尊，可以使学生仿之、效之，但不是不可超越的。教师应该放下架子，蹲下身子，与学生一起去探求真理，发现真理。新课程倡导建立师生互动、平等对话的课堂。在课堂教学中，教师要把自己融入学生群体之中，成为其中一员，与学生积极互动、平等对话，消除学生的心理障碍，利用学生心理特征中的积极因素使学生以乐学的心情投入到教学活动中去。在这种新型的师生关系中，教师把学生当作是共同解决问题的朋友，以师爱营造民主、和谐、积极、开放的课堂氛围。这样，学生才能放下因担心表达失误而招致批评的心理包袱，积极思考、大胆质疑，勇于创新，真正让自己成为学习的主人。

（二）给予权利，大胆质疑

英国哲学家约翰密尔认为，天才只能在自由的空气里自由自在的呼吸。在课堂教学中，教师要培养学生大胆质疑的精神，就要最大限度地发挥民主的教学思想，为学生提供充分的"心理安全"和"心理自由"。教师不要把学生的思维禁锢在一些条条框框里，要给学生充分的民主和自由。从某种意义上说，教学的民主程度越高，学生在课堂上自觉质疑的热情就越高，创造性思维就会越活跃。教师要从培养学生主动积极思维的角度，给予每个学生大胆质疑的权利。哪怕是无边际的，甚至是"荒唐"的质疑，也要在引导的过程中，给予鼓励；哪怕质疑有微小的合理性，也要及时肯定，使其逐渐树立大胆质疑的信心。

（三）克服"迷信"，敢于挑战

马克思曾指出，只有批判旧世界，才能创立新世界。所谓的批判包括两个方面，一是不怕现有结论，二是不怕触犯最高权威。对权威、对书本、对老师的观点，学生往往深信不疑，不敢有异议，更不敢提出质疑。这在无形中束缚了学生创造个性的发展。因此，教师要帮助学生克服"迷信"的思想，敢于向权威、向书本、向老师提意见，敢于发表不同的见解，形成敢疑、善疑的好习惯。在课堂上，常有一些"不安分"的学生提出怪诞的问题或看法，其结果常常是遭到教师的斥责和同学们的嘲笑。其实，学生看似怪诞的问题中往往蕴藏着智慧的火花，往往是新发现的开始。教师不应严词斥责，而应尊重他们的见解，给予其解释的机会，甚至帮助他们一起寻求解答，以一种平等、和谐的课堂环境给怀疑的种子以肥沃的土壤。久而久之，学生就会克服"迷信"的思想，形成敢疑、善疑、勇于探索的个性。

第二节 "生疑－绽思－活用"进阶教学的绽思策略

绽思策略，是进阶教学的一个关键策略。绽思，就是要绽放并拓展学生思维，促使学生深切地感悟并理解知识，提高学生的思维能力与思维品质。课堂教学并非一种简单重复的机械性活动，而应是体现师生思维碰撞、智慧互动和心灵交流的创造性活动，思维因探究而绽放，能力因实践而提升，素养因体验而发展。真正既有高度又有深度的教学，是由"低阶思维"向"高阶思维"升华的教学。高阶思维，是指发生在较高认知水平层次上的心智活动或认知能力。其在教学目标分类中表现为分析、综合、评价和创造。高阶思维能力集中体现了知识时代对人才素质提出的新要求，是适应知识时代发展的关键能力和必备素养。进阶教学就是以低阶思维为基础，根据学生的最近发展区引导学生进行进阶式学习，让学生巩固好基础知识与基本技能，然后生成高阶思维能力。基于进阶教学的绽思策略，能够培养学生的高阶思维能力。

一、探究求知，开启思维

新课改强调确立学生在学习过程中的主体地位，重视在探究求知中体验乐趣，教师要从过于注重知识传授转向培养学生积极主动的学习态度，教会学生自己学，要学生在学习过程中学会学习、学会生存、学会做人，形成正确的价值观、良好的态度和高尚的道德品质。苏霍姆林斯基说过，人的心灵深处总有一种把自己当作发现者、研究者、探索者的固有需要。学生具备较强的自主性，对这个世界已有一些初步的朴素的认识，有潜在的主动探究的动力。他们渴望发现问题，并通过质疑、思考和探究获取新知识。在教学中，教师要引导学生更高层次地探究发现，培养学生的创新精神和实践能力。教师针对学生学习过程中的盲区、误区要优化教学设计，对重点问题要引导学生多角度、多层面探究。在教学过程中，教师要注意引导、点拨和启发，让更多的学生有更广阔的思维空间，产生更多的创新灵感，使个性思维和个性品质得到充分发展。教师还要引导课后延伸探究，使教学结束于问号而非句号，使自主探究从课中延伸到课后，从课内延伸到课外，从旧课延伸到新课，使学生逐步形成探究能力，并最终形成良好的习惯，终生受用。

让学生主动探究[①]

在教学"简单电路"这节科学课时，学生根据提示分组实验后得出灯泡会亮起来的方法是：连接灯泡的导线两端分别接在电池的正极和负极上，形成电流的通路。这时有个学生提出："如果我把小灯泡的铜壁与电池正极相接，用导线连接负极和小灯泡的白锡点，小灯泡能不能亮起来？"教室里顿时沸腾起来，争论十分激烈，有的说可以，有的说不可以。出现这样的情况，教师很高兴地问："要知道到底能不能亮，最好的办法是什么？"学生一齐回答说："进行探究实验。"学生通过实验，证明了第二种接线方法同样能使小灯泡亮起来。先让学生画简单电路，通过猜想—实验，从而真正理解了简单电路的工作原理。整个教学过程，学生都处在探究的热情之中。

面对分组实验后归纳出的结论，有个学生提出自己的质疑，引发了大家强烈的探究兴趣，积极地投入实验之中，最终在新体验中获取了新知识。探究体验，使学生由原来的被动学习者变为能够独立解决问题的创造者，切合了核心素养的教学宗旨。

（一）营造探究氛围，促进主动探究

在课堂上，良好的氛围是学生自主探究顺利展开的重要条件。学

---

① 钱振良.科学课堂引导学生探究的策略[J].广西教育，2013（1）：27，略有改动。

生的认知活动常受情感、态度等因素影响，而课堂上学习氛围是否民主、平等、愉悦对于学生学习的情感、态度影响甚大。因此，教师应着力营造探究的氛围，使学生敢于探究、善于探究和乐于探究，学会探究解决问题的策略，为终身的学习和生活打好基础。在课堂上，教师要多观察学生的学习行为，善于发现学生的闪光点，并给予恰如其分的表扬和鼓励。学生即使答错了，教师也不要责怪、训斥，这样学生就会感到心理安全和心理自由，没有学习的精神压力，敢想，敢问，敢于表达自己的见解，从而在探究求知中获得美好的学习体验。

（二）把握学生实情，提出不同要求

在学习活动中，学生不是被灌输的器皿，不是教师的"应声虫"，而是具有个性的、充满生命活力的人。因此，真正的教学应该关注和把握学生的实际情况，要根据学生的认知水平制定能达到的学习目标，并在必要的情况下调整学习目标。在教学过程中，教师应对不同层次的学生提出不同的要求，使不同层次的学生都能主动地、有效地参与探究活动，都能体验到学习成功的乐趣，从而让他们保持对学习的热情。这样，经过教师的指导和培养，学生便能主动地根据自主探究目标，选择性地搜集资料，积极去思考加工，提取有用的信息，甚至提出自己的设想，最终形成学生自主、独立地发现问题，养成搜集、处理信息的习惯和思考、分析、归纳的习惯。

（三）合理引导探究，鼓励积极思考

在课堂上，教师把结论告诉学生，不如让学生自己去探究；把感受告诉学生，不如让学生自己获取体验；将技能要点告诉学生，不如让学生动手实践。在探究体验中，教师让学生主动进入探究过程，使

学生进入快乐学习的新体验，这显然是一种高效的教学方法。但是，学生有时由于缺乏探究的信心和能力，在探究中会遇到不少问题，因而容易放弃自己的探究活动。因此，要提高探究的教学效率，提高学生的探究能力，教师的合理引导显得十分重要。

二、有效提问，激活思维

著名教育家陶行知先生说过，发明千千万，起点是一问。禽兽不如人，过在不会问。智者问得巧，愚者问得笨。课堂提问是一种技巧，更是一种艺术，并且是教学中用得最多而又很难用精、很难用巧的艺术。部分学者认为提问就是"教师提出问题、师生相互谈话、检查学生作业，激发思维，巩固知识、运用知识，以促进学生学习的行为方式"。有效提问是指教师根据教学目标和内容，精心设计问题，提出问题，要求学生回答。教师所提问题，应是有计划性、有针对性、有创造性的问题，能使学生产生怀疑、困惑、焦虑、探索的心理状态，这种心理又驱使他们积极思维。有效提问，不但可以调动学生学习的热情，激活学生的思维，激发学生的求知欲望，培养学生的口头表达能力；而且可以调节课堂气氛，促进师生间的有效互动，及时地反馈教学信息，从而大大地增强课堂教学的实效性。因此，在教学中，教师必须重视有效提问，为学生提供自由表达的时间和空间，让他们充分思考、讨论和探究，体验求知的乐趣。不仅如此，教师还要引导学生以一个探索者、发现者的身份投入到主动探究问题的活动中，不断获取新知识，培养自主探究和创新的能力。

钱梦龙"曲问"《愚公移山》[①]

一次,钱梦龙教《愚公移山》,为了让学生加深对"邻人京城氏之孀妻有遗男"这句话中"孀妻""遗男"两词的理解,他别具匠心地提出这样一个问题:"课文中有个孩子也要去帮助愚公移山,那孩子的爸爸肯让他去吗?"一句话,把学生问住了。学生一时不知从何作答。慢慢地,学生从惊讶的神色变成了惊喜的神情,纷纷举手说:"这个孩子没有爸爸。"钱梦龙追问:"你怎么知道?"学生抢着回答:"他妈妈是'孀妻','孀妻'就是寡妇。"真是"一石激起千层浪"!课堂气氛顿时活跃起来。钱老师用来"激起千层浪"的这枚"石子"就是"曲问"的方法。

最初,"钱氏曲问"常用于文言文教学,后来,钱老师又将这种提问方法移植到现代文的教学,让人耳目一新,又不同凡响。钱老师在教《中国石拱桥》时,先出示赵州桥教学挂图。要求学生先不看书,说清楚图上所示的大拱与四个小拱的位置关系。学生积极发言:大拱的两边各有两个小拱;大拱两边的顶部共有四个小拱;桥身的左右两边有两个小拱;大拱的两端各有两个小拱;大拱两端的上面各有两个小拱……根据学生所述,钱老师一一在黑板上描绘其形,可是没有一种能与教学挂图符合。最后,钱老师示意学生看书:"在大拱的两肩上各有两个小拱。"继而师生一起讨论句中的"两肩"为什么用得更准确。

钱老师在教《谁是最可爱的人》时,批评课后练习"作者选用了

[①] 木艮.钱梦龙老师的提问艺术[J].北京师范大学学报(社会科学版),1992(4):108-112,略有改动。

哪些典型事例说明中国人民志愿军是最可爱的人？"这一提问过于平直，启发性不强，他改从另一个角度提问："作者在本文中只举了三个例子，他认为用不着多举例；有人却认为多举些例子更好，你认为哪一种意见对？为什么？"这两个问题要达到的目的是一样的，但由于后面一问角度较新，多拐个弯，又设置了一点矛盾，更能引起学生思考的积极性，可谓"入乎其内又超出其外"。

所谓"曲问"，是指对所要解决的问题不做单刀直入、直截了当的设问，而是另辟蹊径，绕道迂回，从侧面或反面提出问题，点拨学生的思维，引导学生加深对问题的理解。巴尔扎克曾说过，打开一切科学的钥匙，毫无疑问是问号。提问得法，可以启发学生思维、激发学习兴趣和求知欲望；提问不当，不仅对教学无益，而且会堵塞学生的思路，窒息课堂气氛。课堂提问必须符合学生的心理特点和思维水平，应该疑时才提，有疑必提，难易适度，层次递进。为努力优化课堂提问，有效地发挥课堂提问所特有的路标作用。

（一）把握时机，唤起欲望

在课堂教学中，教师准确把握提问时机，能够吸引学生的注意力，唤起学生内心的探究欲望，激活学生的思维，加深学生的印象，提高教学质量。教师要把握提问的最佳时机，就应结合教学的进展及变化来组织提问。在上课初期，学生处于由平静趋向活跃的状态，应多提一些回忆性问题，这样有助于激发学生的学习兴趣，集中学生的注意力；当学生思维处于高度活跃状态时，多提一些说明性、分析性和评价性问题，有助于分析和理解知识的内容，进一步强化兴趣、维持积极的思维状态；当学生思维处于由高潮转入低潮时，多提一些强调性、巩固性、放松性和幽默性问题，这样可以重新激发学生的学习兴趣。

（二）张弛有度，难易适中

课堂效益是衡量一堂课成败的重要指标。一节课时间有限，因此教师在设计课堂提问时应把握分寸，做到张弛有度。有度指适宜，根据学生认知水平和心理特点，找准激发他们思维的兴趣点来设计问题。具体地说，指课堂提问的频率有度，难易适中，坡度清晰。首先，提问要频率有度，不能过繁。提问过繁不仅浪费课堂有限的时间，而且会导致学生增加回答问题的盲目性，使学生把握不住知识的关键，从而影响教学目标的完成。因此，教师的提问次数应保持在一定范围内。其次，提问要难易适中，坡度清晰。课堂提问必须针对学生已有的知识水平，要使学生找得到问题的切入点。课堂提问不宜过多地停留在"已知区"和"未知区"，即不能太难或太易。问题太易，学生无须动脑即可回答，达不到锻炼学生思维能力的目的；问题太难，则会使学生失去信心，他们根本不知道该从何处入手解决老师提出的问题，从而使提问失去价值。只有设在"最近发展区"的问答教学，即学生"跳一跳"就能回答的问题，才能有效地促进学生各方面能力的发展。

（三）灵活应变，及时调控

在实际课堂教学中，有不少教师提出的问题是根据教学目标和教材内容预先设计好的，到了课堂上便机械地把一个个问题抛出来，等着学生回答。这种教学方式不可取。因为课堂是动态的，很多问题和知识是在课堂动态的过程中形成的。教师应该随着开放的教学过程随机灵活地改变有些问题，或针对学生的回答灵活地应对，通过调控和引导巧妙地把学生的思维引向正轨。这样，教师的课堂提问才更能显出有效性。比如，有位教师在教《穷人》一课时，为了让学生从桑娜家的"温暖而舒适"中理解桑娜的勤劳能干，提问学生："桑娜家'温暖而舒适'说明什么呢？"结果有的学生认为，说明桑娜家富有。显然，学生的回答偏离了思维目标，此时，教师针对学生的回答做了及时的调控："桑娜家真的富有吗？看看她家到底怎么'温暖而舒适'？"这就把学生思考的焦点引到了对"温暖而舒适"的正确理解和原因的探究上，从而达到了预期的教学目标。在新课程理念下，教师应当具备开阔的视野和灵活的思维，妥善地处理课堂提问中的"意外"情况，使教学得以顺利推进。

三、合作学习，碰撞思维

小组合作学习，就是在学生个人自主学习、初步感知的基础上，抓住各种感兴趣的"热点"，紧扣教材的重点、难点，围绕讨论题分别说出自己的想法，让其他人倾听，形成信息的多向传递，畅所欲言，民主讨论，取长补短，集思广益。通过讨论，让学生辨别是非，做出选择，得出结论，既有"动力"又有"压力"地读书、思考。传统的课堂教学模式，学生主要以静听、静观、静思的方式进行学习，其活动形式主要是大脑机械记忆的活动。在这种学习方式的支配下，学生以个体学习为主，相互孤立，缺乏群体的合作性，不会交往，不会关心，自我封闭等。但是，在小组合作学习中，学生能充分发挥"学习共同体"的作用，通过思维碰撞，促进了思考问题的深刻性和灵活性，保证了大胆质疑之后能够顺利地解疑释疑。同时，在解疑释疑的过程中，学生互相启发，互相激励，互相帮助，达到共同发展、共同提高、共同完善的最终目的。

合作中共赢[①]

在学习颜色单词时，教师设计了一个关于配色的小实验，目的是通过学生小组合作的操作试验，获得在真实情景中用所学语言功能进行交流的机会，培养学生的合作探究能力，并获得一些美术知识。教师先为学生做了一个示范：用透明的塑料杯分别倒入同等的红色和黄色的颜料水，然后把它们混合在一起。一边说："Red and yellow. What colour is it？Guess!"当学生们看到两种颜色结合在一起变成另一种颜色的那一刻，都情不自禁地发出赞美的声音，并立刻用英语说出配出的颜色"It's orange."接着，学生便兴致勃勃地开始做实验了。学生们表现得很好，每六个人一组，每组有发出颜色指令的，有操作的，有记录配色结果的，整个过程是学生们用英语进行交流的过程，有的小组还集体说出："Oh，How nice！"实验结束后，各小组开始汇报实验结果。通过他们的动手操作，亲身体验，发现颜色的奥秘，整个过程学生都是那么好奇，充满兴趣。

由于教师运用了小组合作探究的教学方法，因而激发了全体学生参与学习颜色单词的积极性，使学生愉悦地掌握了知识要领，提高

---

① 岑丽云.发挥小组合作学习的魅力：Colours教学片段及反思[J].小学教学设计，2005（33）：35.

了操作技能,并在相互交流中学会了沟通,学会了分享。通过小组合作探究,学生实现优势互补,在学习过程中减轻了压力,增强了自信心,增加了动手实践的机会,同时促进了全体学生个性品质的发展。

(一)发挥"共振效应",培养合作精神

合作学习,是课堂上学生学习的一种形式,其改变了过去教师讲、学生听的单向信息传递方式,有利于全体学生的自主参与;有利于学生的思想交流,相互启发;有利于学生共享学习资源,培养合作精神。教师应充分发挥思维的"共振效应",让学生扬长避短,互相促进,共同提高,从而培养学生团体的合作和竞争意识,发展交往与审美的能力,强调合作动机和个人责任。教师在小组合作探究交流中要巡回了解学生合作的效果、讨论的焦点、认知的进程,及时引导,注意发现对立面,从而灵活地调整下一个教学环节。

(二)允许意见分歧,鼓励思维碰撞

要保证小组合作学习的成效,教师就要允许小组内的学生存在意见分歧,鼓励不同思维的碰撞。在分析和解决问题的过程中,小组内的学生之间可能会出现较大的意见分歧。这时的思维矛盾和认知冲突是学生产生学习动机的源泉,也是学生参与小组合作学习的好时机,可以形成极为浓厚的探究氛围和强烈的求知欲望,模糊的地方可以质疑,不同的观点可以辩论。在这个过程中,学生之间思想密切交流,思维激烈碰撞,见解充分表达,对问题的剖析全面而深入,不断接近问题的答案。

（三）适时引导点拨，促进合作交流

在教学中，教师让学生进入快乐学习的新体验，这显然是一种高效的教学方法。但是，学生有时由于缺乏学习探究的信心和能力，在学习中会遇到不少问题，因而容易放弃自己的学习活动。因此，要提高合作学习的教学效率，提高学生的合作交流能力，教师适时的引导与点拨显得十分重要。教师有时会事先预设好教学内容，然后一味地引导学生跟着自己的思路走，把自己的愿望强加给学生。这是一种被动的探究，对于提高学生的学习效率是很不利的。教学过程应该是一个动态生成的过程，当学生在学习交流中遇到问题、停滞不前时，教师要鼓励学生把自己的问题摆出来，让学生积极地提出自己的想法，然后引导学生通过深入交流与探究解决问题。[①]

第三节 "生疑－绽思－活用"进阶教学的活用策略

活用策略，是进阶教学的一个重要策略。成功的教学活动必须基于学生的直接经验，密切联系学生自身生活和社会生活。学生的学习收获不仅仅是将前人成功的经验或科学知识简单地"拿来"，学习过程不是一个简单化的、被动的、接受式的"拿来"过程，而是一个基于学生身心体验的、师生共同作用、学生主动参与、积极探究、在做中学、在学中做，从而获得应有的科学知识和社会经验以及终身可持

---

① 谷爱清.引导自主探究，提高探究效率[J].中学教学参与，2014（3）：104.

续发展所必需的生存能力和技巧的过程。在课堂上，教师把结论告诉学生，不如让学生自己去探究；把感受告诉学生，不如让学生自己获取体验；将技能要点告诉学生，不如让学生动手实践。杜威说过，人们如果发现某种东西，就必须对事物做一点什么事；他们必须改革。这是实验室方法给我们的教训，一切教育都必须学习这个教训。听和看虽然可以帮助学生获得一定的信息与知识；但远远不如动手操作给人的感受深刻，不如"做中学"那样牢固，不如"学以致用"那样能将有关知识转化为实践行为和能力。

一、动手操作，学以致用

动手操作是学生掌握和运用知识的重要方式。在课堂教学中，教师引导学生动手操作，具体实践，能够激发学生对新知识的求知欲，让学生亲身经历知识的生成过程，亲身体验知识的"再创造"，体验学以致用的愉悦感和成就感，同时有效地培养学生的实践能力。在传统教学中，教师十分注重知识的灌输式教学，而很少关注知识和学生的实际生活有哪些联系。学生掌握了知识，却不会解决与之有关的实际问题，造成了知识学习和知识应用的脱离，感受不到知识的趣味和作用。因此，教师理应重视学生在学习过程中的动手操作活动。在组织操作活动时，教师要注意把握时机，把操作活动与学生的思维活动、语言表达有机地结合起来，注重操作活动的"内化"，重视"动态操作"后的"静态思考"，才能有效地提高学生的学习效率。

操作让理解更深刻[①]

在讲授"判定三角形全等的边角边公理"时，教师先让每个学生利用直尺和量角器在白纸上作一个△ABC，使∠B=40，AB=3cm，BC=5cm，并用剪刀剪下此三角形，然后与其他同学所作三角形进行对照，看看能否重合，这时学生们会发现是能够重合的。接下来让学生改变角度和长度大小再做三角形，剪三角形并对照，这样学生自然会发现每次所作三角形都能够完全重合，此时教师启发学生总结出：如果两个三角形有两边和夹角对应相等，那么这两个三角形全等，即"边角边"公理。如果教师再让每个学生利用直尺和量角器在白纸上作一个△ABC，使∠B=45，AB=3cm，AC=2.2cm，进行同样的操作，这时学生们会发现这次所作三角形不一定重合。通过同学们的动手操作，教师不但强调了"边角边"公理中的角是指夹角，使学生易于接受新知识，促进学生认知理解，而且化解了学生在运用边角边公理时误把所谓的"SSA"当作"SAS"来用这个难点。同样通过活动，可以把思维训练和实践活动有机结合起来，使他们的思维得到发展，同时也可以培养他们的合作意识。

动手操作是学生认识活动的基础，对理解知识、发展思维、培养能力、形成积极的学习情感都能起到十分重要的作用。教师应该加强对学生的操作训练，让学生在实践中感知，充分发挥学生的潜力，让学生通过自己的努力解决问题获取知识，教师再引导学生到实践中验

[①] 左会林.数学实践活动在数学教学中的作用［J］.数学大世界（教师适用），2011（5）：40.

证，到生活中运用，以此获得操作能力。

（一）明确要求，难度适宜

教学活动是一种系统行为，学生总是在教师的组织与引导下有目的、有计划地进行学习。而学生的注意力往往明显地带着无意性和情绪性，操作时常常被他们感兴趣的学具色彩、形状所吸引，由着自己的兴致来摆弄学具。教师应该用清楚的语言向学生提出明确的操作要求，按教学目标精心地组织学生进行操作，使他们的动作思维具有明确的指向性，这是决定操作活动有效性的基本前提。另外，操作问题的设置与操作要求的提出还要难度适宜。为此，组织动作操作活动要在学生原有学习基础的最近发展区内设置问题，提出要求，使新的学习课题与原有知识的固着点之间保持适度的潜在距离，还要根据学生的不同认识水平，因人而异地提出操作问题及其要求。

（二）适当引导，体验生成

理想的课堂是师生真实自然的互动过程，是动态生成的教学推进，更是一个在教师正确引导下学生自主建构的过程。教师对学生的操作活动进行调控和原则性指导，能确保操作活动的顺利进行及其效果。在教学中，教师要充分利用学生"好动、好奇"的心理特点，从学生熟悉和感兴趣的事物入手，提供动手操作的机会，引导学生通过动手操作参与体验知识的形成过程，让学生在兴趣盎然的实践中获得形象的认知。不少教师认为，只要将操作任务交给学生就可以了，实际上教师应深入各学习小组，了解操作情况，引导学生掌握正确的操作步骤和方法，让学生知道每一步应该"做什么"和"怎么做"，并对学生在操作过程中所遇到的困难及时点拨引导，从而使学生顺利完成操作任务。

(三) 手脑并用，加以内化

操作启发思维，思维服务操作。动手操作的过程是手脑配合并用的过程，是促进思维发展的一种有效手段，是学生由具体形象思维向抽象思维过渡的必要条件。在实践活动中，学生动手、动脑、动口相互作用，使操作、思维、表达融为一体，有效地促进活动的内化。在实际教学中，很多教师简单地把动手操作中的"动"理解为动一动、摆一摆、做一做，而忽视了学生操作过程中内在的"思维操作"活动。这种认识是存在误区的，应当矫正。如果我们只是停留在实际操作的层面，而未能引导学生在头脑中建构起相应知识点的心理表征，就不可能发展真正的思维。因此，相对于具体的实物操作活动，我们更应强调"操作活动的内化"，用操作活化、深化学生的思维，真正发挥它内在的价值。

二、活动实践，体验应用

活动实践式教学是一种强调通过增加学生自主参与的各种外显活动来充分发挥学生的主体性、能动性、创造性，培养学生自主探究精神，全面提高学生素质的教学。教师根据教学要求和学生获取知识的过程为学生提供适当的教学情境，根据学生身心发展的程度和特点设置，让学生凭自己的能力参与阅读、讨论、游戏、学具操作等去学习知识的课堂教学方法或过程。在课堂上，活动实践的任务是让学生自己活动和思索去获得知识。学生在活动中充分调动多种器官参加学习，兴趣浓厚，情绪激昂，思维积极，感知丰富，乐学易懂。学生对教学材料产生了兴趣和热情,能把注意、思维、记忆、想象等心理因素都调动起来,使之积极化。传统学科教学以学生静听为主,活动教学旨在通过学生做一做、看一看、画一画、走一走、写一写、演一演、玩一玩、唱一唱、跳一跳、编一编、比一比、仿一仿、动一动等方式来活跃课堂,改变学生学习方式,以求学生主动发展和全面素质的提高。

别具意义的竞赛[①]

学习政治课"竞争不忘合作"时,在教学巩固环节,教师设置了表演比赛,内容为表演童话故事——龟兔赛跑,要求学生自由组合,根据剧情提示齐心协力设计出合理做法,然后挑选几组同学分角色表演。比赛结束后,让全班同学评选"最佳组合奖"和"最佳表演奖"。

剧情提示:骄傲的兔子在败给乌龟后很不甘心,又向老实的乌龟挑战,并请求长颈鹿伯伯做裁判。这次长颈鹿伯伯规定的比赛路程是先走过草地,再蹚水过河,最后谁先摘到石榴树上的石榴,谁就是冠军。比赛开始后,兔子见乌龟爬得那么慢,又犯起了老毛病,在一棵大树下睡起了懒觉。当乌龟满头大汗地爬到它身边时,乌龟想:我要不要叫醒它呢……兔子跑到河边,犯愁了,这怎么过河呢……乌龟、兔子过了河,来到石榴树下,它们怎么也摘不到树上的石榴,快来想想办法吧……长颈鹿裁判把金牌给了谁?此时小乌龟和小兔子都陷入了深思……

---

① 王有鹏.精心组织课堂竞赛活动:让教学生机勃勃的课堂活动组织艺术之四[J].中学政治教学参考,2008(9):23-24.

在本课中，教师采用表演型竞赛的形式，帮助学生加深理解"竞争不忘合作"的道理，激发了学生的创新思维，启迪了学生的智慧，还培养了学生运用知识解决问题的能力。让精彩于学生，教师就要借助活动的平台，融通课情与学情，通过适时、适量、适度、有序、有效的学生主体性活动，优化课堂教学，带动学生的全面发展。这里主要从设计游戏、开展竞赛和角色扮演三个方面进行阐述。

（一）设计游戏，激趣引智

德国著名诗人席勒曾说，只有当人充分是人的时候，他才游戏；只有当人游戏的时候，他才完全是人。哪个孩子不好动？哪个孩子不爱玩？游戏是少年儿童非常喜欢的一种趣味性活动。教师将游戏活动引入课堂，可以增添课堂教学的情趣，调动学生学习的积极性，增强学生"学习等于愉快"的情感体验，发展学生的形象思维，激发学生的创造潜能，培养学生团队合作的精神。在教学中，游戏受学生的欢迎，是一种活跃课堂气氛、提高学生注意力和学习兴趣的有效策略。但是，作为教学手段的游戏不是纯粹的娱乐活动，它根据学生的年龄阶段和学习需要，以学生的全面发展为出发点，坚持以人为本的教学理念，通过精心设计游戏，让学生在学习过程中促进认知、情感和技能的发展，从而达到在游戏中快乐，在快乐中体验，在体验中成长的教学效果。

（二）开展竞赛，调动热情

课堂竞赛是课堂活动的形式之一。开展课堂竞赛活动，是激发学生的学习兴趣、挖掘学生的潜能、训练学生的思维、提高学习效率的有效措施。课堂竞赛还是一种强大的外部压力，当它和学生的自尊心和荣誉感相结合时，可以很快转化为个人的内在动力。实践证明，在课堂教学中适当开展竞赛活动，有利于提高课堂教学效果。在课堂教学中，只要是能激发竞争意识、提高学生学习积极性、提高教学效率的竞赛方式，教师都可以采用，但是要懂得灵活运用。竞赛方式不要千篇一律，要因教材、学生的变化而变化，并且要与其他的教学方法相结合，否则容易让学生感觉僵化和单调。课堂竞赛的方式很多，如小组竞赛、一对一竞赛和自我竞赛。

（三）角色表演，彰显个性

陶行知先生非常推崇"教、学、做合一"的教学模式，他指出："做是学的中心，也是教的中心。"心理学认为，学生学习的规律是听过一遍就忘了，看过一遍就有印象了，做过一遍就学会了。可见，若要提高教学的实效性，在教与学的基础上还应该让学生去"做"；而让学生去"做"的一个最佳途径，就是让学生参与角色表演。从课堂实践来看，学生的表现欲强，他们喜欢表演，渴望表演，他们把表演当作一种可以带给自己无穷乐趣的游戏。如果让学生参与角色表演，将有利于学习积极情感和态度的产生；有利于在思考中理解内容，掌握知识，丰富经验；有利于在表演中发展语言，促进交流；更有利于在多学科的贯通融合中培养创造思维，展示精彩的个性。

三、迁移运用，内化提升

教学的终极目标是学习者能力的培养，而知识的迁移运用正是能力的外化和体现。"迁移"在心理学上也称学习迁移或训练迁移，是指一种学习对另一种学习的影响。迁移是原有经验得以概括化、系统化的有效途径，是能力与品德形成的关键环节。只有通过广泛的迁移，原有经验才能得以改造，才能够概括化、系统化，原有经验的结构才能更为完善、充实，从而建立起能稳定地调节个体活动的心理结构，即能力与品德的心理结构。迁移是习得的知识、技能与行为规范向能力与品德转化的关键环节。"迁移运用"是学习过的知识、方法等在新情境中的运用。在课堂情境中，大部分问题解决是通过迁移来实现的，要将课内所学的知识技能用于解决课外的现实问题，同样也依赖于迁移。要培养解决问题的能力，就必须从迁移能力的培养入手。应用有效的迁移原则，学习者可以在有限的时间内学得更快、更好，并在适当的情境中主动、准确地应用原有经验，防止原有经验的惰性化。

长方体的认识

在执教北师大版五年级下册《长方体的认识》一课时，余丽英老师紧紧围绕体验式教学理念展开教学，着重构建体验式的数学课堂。上课伊始，余老师以生活中的图片入手，让学生找出图片中的长方体和正方体，接着让学生说说生活中的长方体和正方体。让学生感受长方体与正方体在人们的生活中应用的广泛性，也体会到数学知识与生活的紧密联系。接着，余老师并没有马上进入新课的学习，而是启发学生提出问题："看到这个课题，你想知道哪些知识或想提出什么问题？"从而引出了本节课的两个大问题：1. 长方体和正方体有什么特点？2. 长方体和正方体有什么关系？此环节让学生大胆提出疑问，把课堂中"让我学"变成"我要学",发挥了学生的学习主动性,为下面的活动开展做好铺垫。课中,介于"大问题一"问题较大,如果放手让学生自己探索的话,不容易把握,学生也会没有方向。于是余老师先引导学生思考:"可以从哪几方面探索长方体的特点?可以用什么方法探索长方体的特点?"先让学生明确,可以从长方体的面、棱、顶点三方面进行探索;接着引导学生猜想:"长方体的面有什么特点?棱有什么特点?"有了猜想,就得验证猜想是否正确,用什么方法呢?从而引导学生学会有逻辑地思考问题,掌握科学的探索知识的学习方法。对于"大问题二:长方体与正方体有什么关系",余老师通过学法迁移,引导学生利用探索长方体的方法观察正方体,推论出正方体的特点,并用对比法使学生明确正方体是特殊的长方体。这一环节,学生能举一反三,学以致用,并能灵活运用所学知识和方法,推论总结得到新的知识,是学生学习方法的一次提升、一次飞跃。

在本课中,余老师在历经"生疑"和"绽思"的教学环节后,通过"学法迁移"进入"活用"环节,达到了"举一反三,学以致用"的教学目的,取得较好的教学效果。对于有效学习和有意义的学习来说,迁移不仅是学习结果在变化了的条件下的应用,也是新的学习的基本条件。学生掌握的知识技能正是通过广泛的迁移,使已经获得的经验不断概括化、系统化而转化为能力的。这里从把握学情、聚焦学法和关注课外三个层面来阐述"迁移运用"的方法。

(一)把握学情,迁移运用

迁移运用要符合学生的实际情况。学生的实际情况包含学生的生活经验、认知水平、知识积累、个性特征等方面。教师应充分考虑不同层次学生的"最近发展区",多设置一些难度各异的学习内容,多设计一些不同层次的训练问题,使每一位学生都感到自然亲切,有话可说。课堂教学的迁移与现实生活的联系,可以把有字之书与无字之书连接起来,不仅能缩短课本知识与实际生活的距离,而且能开阔学生的视野,激发学生的学习兴趣,让学生体验到生活的意义和乐趣,有助于形成正确的世界观和人生观,更能养成观察、体验、思考、表达生活的习惯和能力。

(二)聚焦学法,迁移运用

学习如果没有迁移运用,将知识运用到新情境中来解决问题,那么学习者的学习就只是简单的复制、机械的记忆、肤浅的理解,仍停留在浅层学习的水平上。有效的学习经验和方法对以后的学习有积极的影响。"学法迁移"就是要让学生学会学习,总结有效的学习经验,掌握科学的学习方法。如果学生能在不同时间、不同情境中正确迁移运用,那么说明学生真正学会了知识、掌握了技能。教学中,教师既要善于把学习方法教给学生,又要善于指导、启发学生自己总结经验,探索适合自己的学习方式、方法,这样就能促进学习方法的迁移。

(三)关注课外,迁移运用

在教学中,教师应当立足教材,拓展平台,扩大外延,把教学的触角伸向更广阔的天地。这既要丰富教材的内容,加深学生对教材的理解,还要扩大学生的知识面,让学生发展多方面、多层次的兴趣。学生学习涉及的面广,除生动活泼的课内学习外,还应开展丰富多彩的课外活动。课外拓展便于知识的迁移，有助于扩大学生的知识视野，发展他们的多种兴趣，激发学生的学习潜力。通过课内训练与课外拓展的有机结合，形成以课堂学习为核心，能动地吸收课外知识，实现知识延伸和拓展，使课堂训练与课外拓展形成有序、有趣、有利、有效的结合，不仅取得教学的整体效益，还让学生乐学好学，并使学习内化为他们的自觉行动。

综上所述，在"生疑－绽思－活用"进阶教学中，教师要善于探索行之有效的教学策略，也即"生疑"策略、"绽思"策略和"活用"策略。"生疑"策略重在激发学生的问题意识，鼓励学生质疑问题，自主探究；"绽思"策略重在根据学生的最近发展区，引导学生探究问题时碰撞思维，绽放思想，让学生的认知水平和思维能力上升到一个新的"台阶"；"活用"策略重在引导学生学以致用，解决实际问题，提高实践创新能力。

第四章 "生疑－绽思－活用"进阶教学的案例分析

案例是教育教学理论的沃土，是教师专业成长的阶梯，是理论联系实际的桥梁。教育教学案例分析是教师教育教学理论学习的重要内容，是自身成长与发展的重要途径。纯理论学习采取的是"理解－接受"的学习方式，而案例分析采取的是"理解－运用"的学习方式。一个典型案例可以生动形象地诠释一个教育观念，或者解读一个问题解决的策略。从众多的案例中，可以寻找到理论假设的支持性或反驳性论据，并避免从理论到理论的研究过程中的偏差。通过案例分析，可以帮助教师实现从教学实践到教育理论的升华，可以提高教师进行教学设计的自觉性与能力，可以培训教师对教学实践进行理论研究的能力。每一次的案例分析会议，其实就是一次联系实际的教学研讨会，一次富有意义的校本研修活动。在"生疑－绽思－活用"进阶教学研究中，我们尤其注重案例分析，以此推进校本教研活动的有效开展，提高教学质量。"生疑－绽思－活用"进阶教学的案例分析，主要从教学设计、课堂观察和典型案例三个层面展开。

第四章 "生疑－绽思－活用"进阶教学的案例分析

第一节 "生疑－绽思－活用"进阶教学的教学设计

教学设计是在分析教学需求与问题的基础上,进一步确定解决教学问题的步骤和方案,通过评价和反馈来检验方案实施的效果,并修订完善方案,以优化教学的一种规划过程操作。教学设计是根据教学对象和教学目标,确定合适的教学起点与终点,将教学诸要素有序、优化地安排,形成教学方案的过程。它是一门运用系统方法科学解决教学问题的学问,它以教学效果最优化为目的,以解决教学问题为宗旨。基于"生疑－绽思－活用"进阶教学模式的教学设计,在遵循基本的教学设计原则上有所创新,对教学系统进行整体优化,使课堂教学的基本环节更易于操作,并彰显较高的教学效果。

一、"生疑－绽思－活用"进阶教学的设计原则

教学设计旨在提高教学效率和教学质量,使学生在单位时间内能够学到更多的知识,更大幅度地提高学生各方面的能力,从而使学生获得良好的发展。基于"生疑－绽思－活用"进阶教学模式的教学设计,应遵循系统性原则、程序性原则、可行性原则和反馈性原则这四项原则。

(一)系统性原则

教学设计是一项系统工程,它是由教学目标和教学对象的分析、

教学内容和方法的选择以及教学评估等子系统所组成，各子系统既相对独立，又相互依存、相互制约，组成一个有机的整体。在诸子系统中，各子系统的功能并不等价，其中教学目标起指导其他子系统的作用。同时，教学设计应立足于整体，每个子系统应协调于整个教学系统中，做到整体与部分辩证地统一、系统的分析与系统的综合有机地结合，最终达到教学系统的整体优化。

（二）程序性原则

教学设计诸子系统的排列组合具有程序性特点，即诸子系统有序地成等级结构排列，且前一子系统制约、影响着后一子系统，而后一子系统依存并制约着前一子系统。根据教学设计的程序性特点，教学设计中应体现出其程序的规定性及联系性，确保教学设计的科学性。基于"生疑－绽思－活用"进阶教学模式的教学设计注重程序性原则，从整体上把握好诸子系统的逻辑关系，使诸子系统的联系更加严密而有序。

（三）可行性原则

教学设计要成为现实，必须具备两个可行性条件。一是符合主客观条件。主观条件应考虑学生的年龄特点、已有知识基础和师资水平；客观条件应考虑教学设备、地区差异等因素。二是具有操作性。教学设计应能指导具体的教学实践。基于"生疑－绽思－活用"进阶教学模式的教学设计尤其注重可行性原则，特别是要充分考虑学生的最近发展区，通过合理的"台阶"设置和教师的引导促进学生的知识与技能一步步提升，达到预期的教学效果。

(四) 反馈性原则

教学成效考评只能以教学过程前后的变化以及对学生作业的科学测量为依据。测评教学效果的目的是为了获取反馈信息,以修正、完善原有的教学设计。

基于"生疑－绽思－活用"进阶教学模式的教学设计注重教学效果的反馈,制定教师教学效果和学生学习效果的评价方法,为教学成效考评提供科学依据,从而促进进阶教学走向规范化,更具实效性。

二、"生疑－绽思－活用"进阶教学的设计梯度

基于学生的最近发展区,"生疑－绽思－活用"进阶教学要合理设计梯度,为学生搭建好学习的台阶,优化教学效果。每个学生都是独立的个体,他们的思维水平,知识基础与接受能力之间都存在着较为显著的差异。在这样的差异作用之下,每个学生面对不同的知识内容,学习的效果必然也是不同的。学生的个性差异要求教师要根据这种差异设计教学,做到因材施教。教师在备、讲、批、辅、考等环节中都应该考虑到学生的"梯度"与所授知识的"梯度"相吻合。那么,如何合理设计"生疑－绽思－活用"进阶教学的梯度?这里主要从设计梯度问题、梯度练习、梯度作业和梯度评价四个方面进行阐述。

(一) 精心设计梯度问题

"生疑－绽思－活用"进阶教学设计的关键在于设计核心问题,并把核心问题分解为若干有层次性的子问题,以问题思维引领学生进阶式学习中自主探究、合作交流。所谓"核心问题"就是一节课的中

心问题，体现了教材的重难点和知识的关键。对于教师的课堂教学而言，精准地确定核心问题有利于教师围绕教学重点，突破教学难点；对于学生的知识建构而言，核心问题起着"引"的作用，有利于学生立足核心问题开展自主探究。基于核心问题，教师还要精心设计"问题串"，即系列有层次的子问题，并形成教学主线贯穿于整节课。"问题串"的设计一般采用"低起点，小梯度，分层次"的方法，将学习目标分解成若干层次，设计出由浅入深的问题，让每一个问题都成为学生思维的阶梯。

问题的难易梯度和回答问题的学生能力梯度要统一。实践证明，当学生能由他已有的知识轻而易举地得到答案时，思维并不活跃；当提出的问题必须借助于尚未掌握的知识才能解决时，思维过程也不会活跃，最优化的问题应该接近或略高于学生的智力水平，以激发学生思考。因此，教师必须先深入了解学生，不提较易的问题。同时，当发现问题的难度超过学生的知识结构和思维水平时，可先提一些简单的问题，层层递进，步步深入，环环相扣。学生接受能力有好、中、差之分，整节课的内容设计一般也是由易、中、难逐步深入的。"易""中"类问题似乎不难解决，"难"这一部分中所包含的问题也有简单的导入性或延伸性问题。所以老师要把握好问题的设置，同时在提问时要把握学生的接受能力。真正做到"会当凌绝顶，一览众山小"，使全体学生投入到整堂课的教学活动中，体现"学生为主体，老师为主导"的重要性。

（二）合理设计梯度练习

梯度练习，即在课堂教学中，教师根据学生现有的知识、能力水平和潜力，围绕教学中的重难点，设计一步步深入、一步步拔高的练习，由易到难，由浅入深，使不同层次的学生在这一系列的练习中掌握相应的知识与技能，并最终达成既定的学习目标。教师在设计练习题时，应该使得练习题都能够符合教材的内容，能够让学生在练习题的解答过程中掌握所学的知识。课堂教学的知识点有难易之分，易中有难，难中有易，易与难是相对而言的。每个知识点的掌握都离不开必要的练习来巩固所学知识。由于学生的学习水平存在差异，理解和掌握知识的能力有高有低；因而教师需要在布置练习时进行梯度设计，为学生设计合理的、有梯度的练习题，帮助学生更好地理解和掌握知识。

"生疑—绽思—活用"进阶教学主张教师在课堂教学中要合理设计梯度练习。课堂梯度练习的设计，应使优等生有所思索，中等生和学困生有所感悟、有所收获。练习题有梯度才能使学生有所思、有所为，同时也照顾了全体学生，主要有两个优点：一是全体学生能同步；二是同时训练各有所为，避免了优等生做简单题导致思维不活跃的弊端，也避免了学困生对难题束手无策而失去兴趣。一言蔽之，在课堂上，教师可通过梯度练习设计来满足各个层次学生的需求，激发学生的学习动机，提高学生的学习水平。

（三）有效设计梯度作业

作业是教师教学工作的重要环节之一，也是学生理解和掌握知识的重要途径。目前，中小学生的课业负担重，已成为社会关注的焦点问题之一；而造成学生课业负担过重的主要原因，是作业的量过大，缺乏针对性，使学生做了大量的无用功。实际上，教师们担心减少作业量会降低教学质量,于是凭"题海战术"取胜,结果学生负担过重,导致厌倦作业、事倍功半。梯度作业的设计,既能使全体学生各尽所能、各有所为,又能达到减负增效的教学效果。在教学过程中,教师要在作业设计时掌握难度系数的合理布设,提升训练覆盖面。这样学生在完成作业时就能够根据自己的能力自由选择,都能将自己的学习所得进行内化。

经调研发现,如果学生作业的布置为统一的要求,学生必然缺少自主学习的权利,这不仅严重影响学生的身体健康,而且还降低了学习效率。有效的作业不在于量多,而取决于作业的精当、对症。"生疑-绽思-活用"进阶教学提出,作业的设计要有层次性和自主性,要考虑满足每个学生的需要,让学生选择自己力所能及的作业。进阶教学的过程就是要使学生从"不知"到"知"、从"知"到"用"、再从"用"到灵活运用的过程。只要教师深入了解学生,设计不同梯度的作业任务,学生人人有题做,也能做得出来,就会减少作业拖拉不交这种现象的发生。学生的接受能力、智力因素、家庭和社会因素、学习习惯的养成等受诸多因素的影响,使得学生不可能各方面都优秀。既然学生的这种差异是客观存在的,教师只能是尽可能使优等生更优,其他学生不断进步。

(四)恰当设计梯度评价

评价是体现一定的标准,对事物做出价值判断的过程。评价的实质是促使人们的工作和学习日趋完善,是行为的自觉性和反思性的体现。教学评价作为教学中必不可少的一环,其目的主要是检查和促进教学工作,是保证学校教育活动朝着正确的方向发展的重要手段。教学评价设计是对学生学习的评价,既要关注学生对知识与技能的掌握,又要重视学生综合运用能力的发展,同时还要重视其在学习过程中的情感态度和参与表现。在教学过程中,教师应该弄清楚评价的目的:第一,教学评价要起到检测的作用;第二,教学评价要起到激励的作用;第三,教学评价起到促进学生发展的作用。因此,在设计教学评价时,教师要结合自己的教学目标、教学内容和学生的学习环境以及学生的个体差异等设计适合自己的教学和学生学习的评价工具,制定切实可行的评价标准。

"生疑一绽思一活用"进阶教学正是注重设计有梯度的教学评价。进阶教学的梯度评价旨在促进每个学生,而非个别优秀学生的发展。进阶教学的初衷是正视学生个体在学业水平、生理特点、心理特征、兴趣爱好等各个方面的差异并充分考虑这种差异,"因材施教"。因此,进阶教学的梯度评价也应当面向全体学生,为各个层次制定相应目标,到具体教学策略的实施、反馈等,都应当是着眼于每一个学生的发展进程,激发每个学生的潜能,为每一个学生提供适合其发展的具体的有针对性的建议。进阶教学的梯度评价还应当促进学生全面发展,不断趋近自己的最近发展区。尤其是学业成就水平较低的学生往往在学习方式、心理素质等方面存在这样那样的问题,通过适当的评价,可以促进这部分学生的非智力因素得到改善,从而提高学业成就水平。

三、"生疑一绽思一活用"进阶教学的设计要素

教学设计以系统方法为指导,把教学各要素看成一个系统,分析教学问题和需求,确立解决的程序纲要,使教学效果最优化。需要指

出的是，在课例研究中，教学设计有着极其重要的地位和作用。美国学者将其视为课例研究的基石，日本教师则认为一份详尽的教学设计是课例研究能否成功的关键所在。课例研究中研究课教学设计不同于传统教学设计。首先，研究课教学设计是由课例研究共同体内所有成员共同参与完成的，强调教师集体备课；其次，研究课教学设计基于传统教案根据研究主题进行设计而来，既有共性又有特性。当前，"生疑－绽思－活用"进阶教学模式通过课例研究开展深入探索，其教学设计包括设计思想、教学目标、学情分析、学习内容与任务分析、教学定位与策略设计、信息资源与环境设计和教学活动与过程设计七个要素。

湛江经开区第一小学陈梅城老师在执教北师大版四年级下册数学《用数对确定位置》这节研究课时，运用了"生疑－绽思－活用"进阶教学模式，将"如何确定位置"这一真实问题情境贯穿全课，由浅入深地引导学生进行探究性学习，引导学生在感悟知识的同时，引领学生的数学思维向纵深发展，自主建构脉络清晰的认知系统。现以《用数对确定位置》这节研究课的教学设计为例，具体阐述"生疑－绽思－活用"进阶教学设计的七个要素。

（一）设计思想

教学设计必须以先进的教学思想为前提。每一门学科都有其教学思想，而教学思想是否先进、与时俱进，则直接影响着这门学科的教学设计水平，进而影响着这门学科的课堂教学质量，最后影响到的是学生素养发展状况。新形势下，课程改革的深化推进和核心素养的提出，给学科课堂教学注入新的理念、内涵和思想。在此基础上，我们融合了最近发展区理论、脚手架理论、建构主义学习理论等先进理论，对教学模式进行创新与建构，提出了"生疑－绽思－活用"进阶教学模式，探索了具有创新性的进阶教学思想。由此，各学科教师根据自己的学科性质和教学需要，在教学设计中渗透进阶教学思想，并且突出本学科的教学特色。

例如《用数对确定位置》一课的教学设计思想：

数学作为基础教育中必修的一门课程，它拥有着其他学科所无法替代的特有的教育与文化价值，比如理性精神的滋养、数学思想的渗透以及数学能力的培育等。因此，具有文化诉求的数学课堂并不排斥具体的数学知识或方法。相反，数学课程的文化价值和意义正是依托于具体的数学知识、方法的学习才得以实现。知识和方法是载体，是数学文化价值赖以彰显、得以实现的母体和根系。本课的教学设计融入数学进阶教学的文化理念，让知识的学习伴随着丰富的数学思考，让方法的渗透伴随着理性精神的培育，从而让数学课堂真正具有文化底蕴。

（二）教学目标

教学目标，是指教学活动实施的方向和预期达成的结果，是一切教学活动的出发点和最终归宿，它既与教育目的、培养目标相联系，又不同于教育目的和培养目标。确定教学目标，就是教师根据学生年龄特点和社会需要，设置并陈述学生通过教学以后必须达到的标准。在教学设计的过程中，最为重要的工作或许就是确定教学目标。如果教学目标确定的不适合，再好的教学可能也无法满足组织者或学习者的真正需要。没有准确的教学目标，教学设计者会冒这样的风险：基于根本不存在的需要进行教学。[①] 因此，确定教学目标至关重要。在"生疑－绽思－活用"进阶教学中，教师要设计有梯度的教学目标，力争关注每一位学生，努力让每一位学生在每节课上都能够有所收获，体验到成功学习的快乐。

例如《用数对确定位置》一课的教学目标：

1. 使学生能在具体的情境中认识列与行，理解数对的含义。
2. 通过符号化的过程，体会数学的符号美、简洁美。
3. 通过引导学生发现快速确定数对位置方法的成功体验，肯定学生积极探索、善于发现的精神。在此基础上，让学生感受和发现应用的价值，同时渗透数学文化思想。

（三）学情分析

所谓"学情分析"，在教学设计学中通常称之为"教学对象分析"或"学生分析"。辨析词义，"教学对象"既可以指学生，又可以指学习内容；"学生分析"既可以指分析学生有关学习的情况，又可以指分析学生的身体状况或生理状况。教学设计学认为，学情分析的主要内容应包括学生的起点能力分析（本班学生的知识起点、能力起点与态度起点），一般特点分析（指学生的年龄特征与学习某学科的共同

---

① 迪克·凯瑞. 系统化教学设计[M]. 6版. 庞维国，等译. 上海：华东师范大学出版社，2007：15-16.

特点），学生学习风格（也叫认知倾向）分析。新一轮课程改革的核心理念是"为了每一个学生的发展"，它要求我们的教学必须面向全体学生，创造一种适合所有儿童的课堂教学，而不是挑选适合我们教育的儿童。为此，"教学活动必须建立在学生的认知发展水平和已有的知识经验基础之上"。这就需要我们深入分析，真正了解我们的学生，"以学定教"，从而增强教学设计的针对性和预见性。"生疑—绽思—活用"进阶教学设计之初需要教师开展实证性的学情分析，以便真正了解学生已有的知识基础、经验、兴趣，学习新知识可能会遇到的困难以及适合学生学习的方式等。可见，教学设计应充分考虑学生的最近发展区，为学生的学习而设计。

例如《用数对确定位置》一课的学情分析：

《数学课程标准》提出："数学教学活动必须建立在学生的认知发展水平和已有的知识经验基础之上。"能用前后、上下、左右或者"第几排第几个"及类似方式，描述具体情境中物体的位置是学生已有的知识经验。四年级部分学生对列与行的概念较为模糊，用数对表示具体情境中的物体位置，并用数对在方格图上确定位置，学生还是第一次接触。因此，教学时应从学生已有知识经验出发，设置"台阶"——创设身边真实的情境，培养学生的空间观念，让学生在活动中感受数学与生活的紧密联系，建立对应思想，渗透数学理性思维是本课的学习重点。

（四）学习内容与任务分析

学习内容与任务，是为实现教学目标，要求学生系统学习的知识、技能、态度和行为经验的总和。学习内容与任务分析，是了解学习内容与任务的关键要素，明确这些要素之间的关系，在教材中的地位和作用，确定教学的重点和难点。教师应从学习内容与任务分析入手对一节课的教学设计进行前端分析，这样可以使教学设计从整体定位再到细节问题有的放矢，抓住学科内容的本质，从而提高教学设计的质量和水平。在"生疑—绽思—活用"进阶教学设计中，教师除了分析这节课内容在整个学科教材中的地位以及期望达到的广度和深度，更要认真分析这节课各项学习内容与任务之间的关联性和层次性，确定教学需要突破的重点和难点，对学习内容与任务进行梯度设计。

例如《用数对确定位置》一课的学习内容与任务分析：

《用数对确定位置》是北师大版四年级下册内容。该课属于"空间与图形"领域的教学内容，是在学生第一学段学会确定一维空间位置的基础上，学习在二维空间内如何确定位置的问题。在教学内容的安排上，先用第几列第几行（或第几组第几个）来确定位置，再用数对确定位置，进而发展学生的数学思考。通过这样几个"台阶"的学习，培养学生的创造力和想象力。这些知识的学习也是在为第三学段认识平面直角坐标系打基础。

根据教材及教学建议，对于本课的教学，教师要注重从学生熟悉的生活中精选出合适的情境、问题进行引导教学，将数对的呈现方式从直接呈现转化为动态生成,成为一个动态跟进的过程。课堂教学实现由间接到直接、由抽象到直观、由形式到艺术的转化,从中渗透数学思想、方法、数学历史、数学与人文的关系;最终引导学生真正感受数对的简洁美及其广泛的应用价值。如此"生活化"的数学课堂教学,才能凸显课堂教学的生命意义,这正是"数学文化"之精神内涵所在。

教学重点:建立数对数学模型,学会用数对确定位置,培养学生的数学化能力。

教学难点:使学生经历由具体实物图到点子图再到方格图的抽象过程,能在方格图中用数对确定位置。

(五)教学定位与策略设计

教学定位是学校教学的基本要求。作为一名教师,明确学校的教学定位,实际上就是明确学校对课堂教学的基本要求。准确定位课堂教学,有利于教师更好地把握教材、了解学生,有利于全面提升学生素质,不断提高学校教学质量。明确了学校课堂教学的定位,就要设计适切的、有效的教学策略。"生疑—绽思—活用"进阶教学的定位在于激发学生的问题意识,促进学生的思维发展和提高学生的实践能力,进而培养学生的核心素养。"生疑—绽思—活用"进阶教学的策略设计基于生疑策略、绽思策略和活用策略而进行,教师以此带领着学生向着一个个目标前进。这样的课堂教学策略,要求教师了解学生的最近发展区,使学生一步一个脚印地进步,使学生真切地感受到自己的进步,并且愿意为自己更大的进步而不断努力。只有这样,才能真正提高课堂教学的效率与质量。

例如《用数对确定位置》一课的教学定位与策略设计：

数学本身就蕴含着丰富的文化属性。什么是真正的数学文化？什么是真正的数学美？我认为第二个问题是对第一个问题的具体化，因为数学美本身就是数学文化的重要组成部分。这个问题的意义在于，真正的数学美同样应该源于数学内容本身。《用数对确定位置》一课，由教室座位这个具体情境直至在方格中确定位置，乃至将来直角坐标系、经纬度的学习，即使在现阶段的探究过程，用数对确定位置的这种方法，皆具有简洁美、和谐感与秩序感，无一不彰显着其重要的数学文化——交叉关系和美学特征。

《用数对确定位置》在教学中应如何凸显数对的简洁美呢？我反复琢磨，定位为："深度学习，努力落实数学核心素养的培养。"于是，我梳理出本课的教学策略，应落实以下几方面的核心素养：抽象思想、空间想象、变与不变思想、对应思想和坐标思想。尝试从纯粹的数学内部去找寻数学内在的精神文化力量。

（六）信息资源与环境设计

这里的信息资源，主要是指具有信息技术支撑、蕴涵丰富的教育信息、能创造出一定教育价值的资源。信息资源包括教师和学生在教学与学习过程中所需要的课件、视频、音频、教学软件、各种数字化的素材等。信息环境是教师运用资源开展教学的具体情境，体现了资源组成诸要素之间的各类相互作用。教师有效设计信息资源与环境，有利于提高课堂教学的效率,激发学生学习的积极性和主动性。

例如《用数对确定位置》一课的信息资源与环境设计:

采用 ad 视频技术提升 PPT 动画效果;截取喜剧小品《问路》视频片段引出教学问题。

(七)教学活动与过程设计

教学活动通常指的是以教学班为单位的课堂教学活动;是教师在一定教学环境中通过合适的教学内容和恰当的教学方法对学生进行教学,从而达到教学目的的过程。教学活动是一个完整的教学系统,它是由一个个相互联系、前后衔接的环节构成的。教学活动的基本环节就是指教学活动这一个个各具不同功能的不同阶段。"生疑—绽思—活用"进阶教学活动与过程设计,主要是以列表式呈现,分为教学环节、教师活动、学生活动和技术支持四个部分,其中教学环节设计必须体现生疑、绽思、活用三个关键环节,教师活动和学生活动要有梯度设计,技术支持要有信息技术的融合应用。

例如《用数对确定位置》一课的教学活动与过程设计:

教学环节	教师活动	学生活动	技术支持
前置学习	引导学生思考:用什么方法确定自己在教室的位置?	尝试用自己喜欢的方式确定自己的位置。	课前发布前置性作业,督促学生课前完成。

续表

教学环节	教师活动	学生活动	技术支持
环节1：生疑	1. 以外地老师到经开区一小学习为需求，提出问题："经开区一小在哪里？" 2. 将《问路》这一喜剧小品作为"包袱"引出本课的核心问题，为教学的前呼后应埋下伏笔。	1. 换位思考，可能用什么方法确定经开区一小的位置。 2. 通过喜剧小品感受确定位置应探寻一种既简洁又明了的办法。	播放喜剧小品《问路》片段。
环节2：绽思	1. 引导学生在先学的基础上，用自己喜欢的方法确定淘气在班里的位置，感悟并学习最简洁的确定位置的方法——数对。 2. 通过游戏方式，引导学生用数对确定自己在班里的位置。 3. 播放从座位图到方格图的抽象过程，使学生明确相交的点与相关的行与列之间的关系。	1. 通过小组合作交流学习，探究最简洁的确定位置的方法。 2. 学生用数对确定自己或同学的位置。 3. 发现交点与相关的行与列形成直角关系。 4. 同桌合作利用直角三角板辅助确定位置。	1. 在平台上展示各小组讨论交流成果。 2. 出示游戏问题。
环节3：活用	介绍经纬仪知识及古代定位方法。 发现生活中的数对问题并解决。 回顾课前问题：经开区一小在哪里？怎样利用所学知识确定经开区一小的位置？	学以致用，解决问题。	出示湛江市及经开区一小的实际卫星地图及实际经纬度。
课后延伸	A层次：用适当的方法向你的同学介绍你所熟悉的一处景点的位置；B层次：写一篇关于生活中如何确定位置的小文章。	在父母的指导下开展学习实践活动。	

第二节 "生疑－绽思－活用"进阶教学的课堂观察

　　课堂观察是指研究者或观察者带着明确的目的,凭借自身感官(如眼、耳等)以及有关辅助工具(观察表、录音录像设备等)、直接或间接(主要是直接)从课堂情境中收集资料,并依据资料做相应研究的一种教育科学研究方法。课堂观察是校本研修中非常重要的活动形式。课堂观察有明确的观察目的:一方面要谋求学生学习状况的改善;另一方面要促进教师的专业发展,最终指向是提高教育教学质量。与以往的听评课相比,课堂观察更科学、更专业化。课堂观察需要根据观察目的选择观察对象,将研究问题具体化为观察点来确定观察行为,设计观察量表,记录观察情况,处理观察数据,将课堂中的复杂教学情境拆解为一个个空间单元,这样的听课不再盲目、随意。通过对教学进行定量和定性的分析,对观察结果的反思分析推论,这样的评课研讨也不再是模糊、粗略的。因此,课堂观察更有利于教师理解和把握课堂教学事件、解决教学实践中的焦点问题,在数据分析的基础上反思自己或他人的教学行为,从而形成新的教学改进策略或方式。那么,基于"生疑－绽思－活用"进阶教学,我们如何进行课堂观察才更有效果呢?这里从课堂观察的价值、维度和步骤三个方面进行阐述。

一、"生疑－绽思－活用"进阶教学的课堂观察价值

课堂观察，不仅是教师获得实践知识的重要来源，也是教师用以收集教学资料、分析教学方法和了解教与学的基本途径。科学的课堂观察，是一种融实践、学习、研究于一体的指导途径。课堂观察对改善学生课堂学习状况和促进教师专业发展有着极其重要的意义。基于"生疑－绽思－活用"进阶教学的课堂观察的起点和归宿都是以改善学生的课堂学习为目的，课堂观察是为了改进课堂学习，进行有效的教学，从而提高教学质量。教师可以根据自己的需要，有针对性地进行课堂观察，从而获得实践经验，汲取他人的优点，改进自己的教学技能。

（一）聚焦教学质量

课堂观察要聚焦教学质量，就必须观察与分析涉及课堂的主要因素。课堂最基本的要素包括教师、课程、学生和教学方法。那么，课堂观察就应观察与分析四个"是否有利于"：教师素养是否有利于教学质量的提高，包括教师的基本素养、学科素养、教学素养、教学智慧等；课程内容是否有利于教学质量的提高，特别是教师对课程、对教材的把握与解读是否到位、是否科学、是否合理；学生的学习是否有利于教学质量的提高，包括学生的学习状态、学习方法、学习习惯等；教学方法是否有利于教学质量的提高，包括问题的设计、情境的创设、讲解的清晰度、语言的启发性、活动组织的有效性等。教师开展课堂观察，主要就是研究这些因素是如何促进教学质量提高的。可以说，提高教学的有效性，这是基于教师主体的课堂观察的使命。

（二）促进课堂改变

课堂观察不是为了获得一种结论，而是为了促进课堂的改变。这种改变，应体现教师的"三个学会"：第一，学会研究，课堂研究能力的改变。长期以来，无主题、范式化、去情境的次数多收效低的"教研活动"使教师没有在"研究"的过程中获得研究的能力，而课堂观察有助于教师学会课堂研究。第二，学会上课，教学实践能力的改变。课堂观察的直接作用是促进教学实践能力的提高。第三，学会教学，课堂教学效果的改变。课堂观察改变教师的教学行为，使教师的教学进一步指向"有效"，追求"有效"，实现"有效"，课堂教学的效果自然就会实现改变。

（三）成长教师自我

在课堂观察中，"成长自我"是很重要的一种目的。要"成长自我"，在课堂观察中应注意三个方面的问题：第一，自己的视角，教师在课堂观察中应逐步建立自己独特的视角，这种独特的视角不是求"偏"，而是在求真中"求我"，既是有普遍意义的，又是具有个性特征的；第二，自己的发现，教师在课堂观察时应善于敏锐地发现问题，见人所未见，当然，这种"人所未见"不是无关痛痒的偶然，而是十分重要的信息；第三，自己的见解，教师在课堂观察后的反思中应形成独树一帜的见解，当然这种见解应是正确而且给人启迪的。教师抱着一种"成长自我"的诉求去参与课堂观察，就会发现课堂观察更多的魅力。

二、"生疑－绽思－活用"进阶教学的课堂观察指南

要观察课堂，首先必须解构课堂。课堂涉及的因素很多，主要包括学生、教师、课程和课堂文化，各因素之间又是相互联系，交错互动，浑然一体的。因此，需要有一个简明、科学的观察框架作为观察的"支架"。研究人员通常把课堂观察设计为四个维度，即学生学习维度、教师教学维度、课程性质维度和课堂文化维度。学生学习维度关注怎么学、学得怎么样。教师教学维度主要关注教师怎么教，效果怎么样。课程性质维度关注的是教和学的内容，它是师生在课堂中共同面对的教与学的客体。课堂文化维度关注整个课堂怎么样，具有整体性。课堂上，教师、学生和课程三者之间发生联系，在整个互动、对话的过程中形成了课堂文化。这四个维度共同构成了课堂观察的框架，成为课堂教学的抓手。从数量上看，课堂观察的主题可以是单一的，也可以是多个的；从产生的时间上看，可以是预设的，也可以是适时生成的；从"重点"上看，可以教师的"教"为主，也可以学生"学"为主，还可以课堂的文化为主。

基于课堂观察的四个维度，我们提出"生疑－绽思－活用"进阶教学的课堂观察评价指南，主要体现在八个方面：一是清晰的教学结构；二是有效的学习时间；三是积极的师生交流；四是合理的教学内容；五是多样的教学方法；六是良性的个体发展；七是巧妙的课堂练习；八是完备的教学环境。根据"生疑－绽思－活用"进阶教学的课堂观察评价指南，教师们有针对性地进行课堂观察，增强课堂研究的实效性，达到促进课堂改变、提高教学质量的目的。

附：

"生疑－绽思－活用"进阶教学的课堂观察评价指南表

观课角度	基本要求
一、清晰的教学结构	1. 目标明确，过程明了，内容清晰； 2. 师生角色定位清楚，师生双方活动协调。
二、有效的学习时间	1. 时间安排得当； 2. 拨冗去繁，学习有节奏。
三、积极的师生交流	1. 互相尊重，互相信任； 2. 营造良好的讨论氛围； 3. 注重教学反馈意见。
四、合理的教学内容	1. 学习内容以教育方针或课程标准为导向； 2. 教学主题的展开合力有效； 3. 学习内容符合学生，关注学习能力进阶。
五、多样的教学方法	1. 灵活的组织技巧，多样化的行为模式； 2. 教学流程不拘于一格，均衡使用多种教学方法。
六、良性的个体发展	1. 给予学生自由发展的空间，时间和耐心，积极诱导，绽放学生思维； 2. 分析个体学习水平，调整个体促进方案，关注学困生。
七、巧妙的课堂练习	1. 帮助学生掌握学习策略，有针对性地提供辅导； 2. 布置针对性、有效的教学任务。
八、完备的教学环境	1. 教学秩序井然； 2. 教学设备和教具能正常使用。

三、"生疑－绽思－活用"进阶教学的课堂观察步骤

课堂观察主要分为课前会议、课中观察与课后会议三个步骤，共

同构成了"确定问题—收集信息—解决问题"的工作流程。"生疑—绽思—活用"进阶教学的课堂观察也是按照课前会议、课中观察与课后会议三个步骤进行，紧扣主题，聚焦问题，在具体的课例行动研究活动中有针对性地解决教学问题，提高课堂教学的实效。

【研讨活动】

探索进阶教学　绽放课改之花

——记区一小语文科组阅读进阶教学行动研究活动之一

湛江经济技术开发区第一小学　谢洪丽

最美人间四月天！在这美好的春天里，湛江经济技术开发区第一小学迎来新一轮行动研究活动的盛宴。4月11日下午，语文科组梁思敏老师为本学期行动研究课打响了第一炮，她在一（2）班为大家呈现了一节基于"生疑—绽思—活用"进阶教学模式的优质课，接着进入课后研讨环节。

梁思敏老师执教的是统编教材一年级下册《猴子下山》一课。梁老师的课堂真实灵动，形式多样，整堂课玩中学、学中乐、乐中获，趣味盎然。课堂上，梁老师围绕着"生疑—绽思—活用"进阶教学模式来进行教学：（1）"生疑"环节：激趣闯关导入，整体回顾。首先梁老师利用希沃白板出示蒙尘的猴子图片，让孩子们猜一猜，有趣地引出了课题。梁老师引导孩子们产生疑问："你有什么想问小猴子的吗？"一时间学生们思如泉涌："为什么小猴子不先吃了再把食物丢掉？""为什么小猴子不推个手推车将食物都装回来？""为什么小猴子最后空手回家？"童真的思考，有趣的提问，把课堂的学习热情充分调动起来。(2)"绽思"环节：细读课文，探究体验。在本环节中，梁老师继续闯关游戏，运用了图片、视频，让学生探究体验谈感受、提疑惑、做解说，创设各种情景，让学生学文识字，从而深入地理解和体会文本，明白童话故事中的道理。(3)"活用"环节：视频配音，复述课文。出示没有声音没有字幕的视频，回忆课文，今天小猴子发生的事情。师生合作配音，这种方式的应用给课堂教学注入了活力，不仅充分发挥了师生间相互交流、协作功能，还培养了学生的合作意识。

课后，在教导处吴湛霞副主任的主持和林文智校长的指导下，语文科组的老师们进行了热烈的研讨与交流活动。活动伊始，吴湛霞副主任宣布本次研讨交流活动分三个议程进行：第一环节是林文智校长对"阅读进阶教学模式及典型案例"进行解读；第二环节是梁思敏老师对《猴子下山》教学设计分析及教学反思；第三环节是老师们对梁思敏老师这节课的研讨交流。

第一议程：林文智校长对"阅读进阶教学模式及典型案例"进行解读。首先，林文智校长表扬梁思敏老师为语文科组行动研究课开了个好头，肯定了这是一节非常有研讨意义的好课；然后意味深长地回顾经开区一小这么多年来一直在探索课改的历程。为了全面提高教学质量，必须有一个基本的教学模式，让全体老师都熟悉，让课改的理念落实到每一个环节。所以在原来"融慧"理念的开放式教学模式基础上不断实践、提炼、反思，到今天我们提炼出"进阶教学"模式，各科基本都在运用这个教学模式；并且这个教学模式是靠全体老师一起实践、一起研究的，要不将失去它的意义。

林校长引用了《义务教育语文课程标准》的理念指出：学生是语文学习的主人，教师只是学习活动的组织者、引导者。基于此，我们在语文阅读教学中依据"进阶教学"理念，探索建立了"生疑—绽思—活用"进阶教学模式：（一）"生疑"环节：习得方法，点亮思维。让学生的"疑"进课堂，教师引导"生疑"的途径："生疑"—"择疑"—"追疑"。教学策略：1.课前先学，读中生疑；2.课堂教学，激疑引思；3.教学结束，质疑问难。（二）"绽思"环节：提供舞台，绽放思维。教学策略：1.巧设情境，培养思维；2.多维视角，智慧碰撞；3.善于放手，提升素养。（三）"活用"环节：开放拓展，提升思维。教学策略：1.聚焦重点，训练内化；2.语言实践，运用提升；3.拓展延伸，扎实活用。接着，林校长分析阅读进阶教学模式的注意事项：首先巧用信息技术手段，突破学习进阶难点；其次处理好教与学的关系，打通能力进阶之门。注重引导，突破思维障碍，展开联想，发散学生思维。通过林校长的解读，大家对原来遥不可及的教学模式，顿时耳目一新，明白其中的内涵与意义。

　　第二议程：梁思敏老师对《猴子下山》进行文本解读和教学反思。《猴子下山》是部编版一年级下册第七单元的一篇童话，讲的是一只小猴子下山去，摘了桃子扔玉米，摘了西瓜扔桃子，见兔子可爱，就扔了西瓜去追兔子；最后，兔子跑得不见了，小猴子一无所获。这节课是围绕着"生疑—绽思—活用"这一"进阶教学"模式来进行教学，闯关游戏串联整堂课，课堂气氛活跃，学生学得开心，效果好。可惜的是时间把握得不好。

　　第三议程：老师们热烈研讨，积极互动。大家紧扣进阶教学模式展开深度研讨：梁老师的课堂氛围活跃，孩子们在玩中学，学中玩。梁老师制作的希沃白板课件生动有趣，为课堂增添了一道靓丽的风景，为高效课堂起到事半功倍的作用。梁老师的课亮点层出不穷：1. 围绕进阶教学模式三个环节"生疑""绽思""活用"展开教学；2. 准备充分，多媒体课件生动有趣，教学目标明确，思路清晰，重难点突出；3. 教材处理恰当，适合学生年龄特征，突出文本特点；4. 注重拓展延伸，引导学生活学活用。

最后，吴湛霞副主任做总结：一节好课必定是学生乐于享受、接受的课堂，希望大家通过今天的研讨交流，能够博采众山之石，能够筑牢自己的城池，也相信自己能打造高效课堂；希望下一位实验老师能在这节课的基础上根据本班学情去实践这个进阶教学模式，获得更好的教学效果。

区一小语文科组这次进阶教学行动研究活动开展得很成功，为老师们创设了学习交流的平台，拓展了教学模式实践的思路。相信在林文智校长的带领下，在全体老师的共同努力下，区一小进阶教学的课改之花一定能灿烂地绽放在美丽的杏坛之中。

在梁思敏老师执教《猴子下山》一课前，湛江经济技术开发区第一小学语文科组就组织召开了课前会议，制定了阅读进阶教学行动研究活动实施方案，明确主题，集体备课，做好课堂观察准备。在课中，语文科组全体老师围绕课堂观察评价指南表有目的性地观察，做好观察记录。在课后，大家紧扣主题，聚焦问题，研讨互动，共同提升。现对课堂观察的三个基本步骤进行阐述。

（一）课前会议

课前会议，是指在课堂观察之前的教研会议。课前会议也是课堂观察的准备阶段。召开课前会议的主要任务是确定观察目的和计划。会议目的是观察者和被观察者进行交流与沟通，被观察者提出需要解决的问题，便于观察者确定观察点，为后续的课堂观察做好准备。课前会议时，被观察者谈班级学生的学情分析、教学内容分析、教学设计思路和重难点的解决策略等，使观察者对研讨课有了初步的认识，并围绕研究问题合作设计观察量表。观察者这样可以带着自己的思考听课，促使"听课→观课→思课"的转变。

第一，确定观察对象。是为帮助青年教师的迅速成长而观察，还是向有成功经验的教师学习而观察？是为解决教学中的难点问题而观察，还是为总结研究优秀案例而观察？会议前，要确定好观察对象。

第二，确定观察内容。根据观察主题，观察者要有针对性地确定观察内容。

第三，确定观察工具。以观察量表为主，分析、统计课堂数据，并用录音笔、录像机将课堂进行实录。

第四，确定观察方法。确定是定量观察还是定性观察，或者采用定量观察与定性观察相结合的方法。

第五，确定观察分工。一般分为分时观察（按观察时间段分工，如每人观察5分钟）、"盯人法"（按观察对象分工，如每人/组观察若干名学生）及兼有分时与"盯人"的综合法。观察任务可以由一个人承担，也可以由若干名观察者组成"任务组"一起承担。

课前会议作为课堂观察的起点，起着整体规划的重要作用。课前准备越充分，观察者就越能从课堂情境中收集到更多有用且详尽的资料。

（二）课中观察

课中观察，是指观察者进入研究情境进行信息收集的过程。观察者根据课前会议的计划，选择记录的方式，进入课堂对所需信息进行收集记录。也就是说，观察者进入观察现场后，根据所分任务、所选择的观察角度和观察点，来选择恰当的观察位置，然后通过不同的记录方式准确地记录信息。被观察者可能是教师，也可能是学生。上课开始后，观察者依照事先的计划及所选择的记录方式对所需的信息进行记录，可采用摄像、录音、笔录的技术手段进行记录，主要记录行为发生的时间、行为出现的频率、师生言语或非言语活动的内容、形式、效果等。另外，观察者也可用文字描述记录被观察者的其他行为，记录自己的现场感受和理解等。

观察记录有定性的描述性记录，也有定量的数据记录。辅助观察形式可以是问卷调查、访谈、文献调查等。课中观察是整个课堂观察系统的主要部分，课上所采集的信息是课后会议分析的信息基础。因此，课中观察是否科学、可靠直接影响到研究的信度和效度，也影响到针对问题解决的课后分析报告的质量。

（三）课后会议

课后会议，是指课中观察结束后，在较短时间内观察团队针对该课所及时召开的会议。会议之前，观察者应尽快对收集的资料加以整理，进行定性和定量分析，通过分析揭示课堂行为之间的相互关系，弄清被观察行为的意义。会议中，观察者和被观察者对上课情况进行探讨、交流、分析和总结，达成共识，并制定后续行动跟进方案。也就是通过资料的分析与结果的呈现，协商制定下一步行动方案。会议持续时间根据情况而定，一般至少10分钟。

课后会议着重完成三个方面的任务：

第一，被观察者进行课后反思。被观察者就所上的课进行说明与反思。主要说明本节课的学习目标是否达成，主要教学行为是否有效，本节课预设是否成功，是否有生成，在教学实施过程中是否有偏离教学预设，是否改变既定的教学程序，教学策略、教学内容是否有变化等，并说明改变的原因。

第二，观察者简要报告观察结果。观察者要在课后会议前尽早对所记录的信息进行统计或整理，将结果按不同的问题进行归类。确保数据真实，为课后开会时与被观察者进行交流做好准备。会议上，观察者首先要就观察时不理解的问题与被观察者进行沟通，再简要汇报观察结果。要根据整理的信息与数据，把具体的事实与数字整合到相应的问题或观点中去，就本节课中发现的问题或被观察者的教学特色进行剖析与反思，对数字的具体含义与现象背后的原因及意义做解释，并提供相应的教学建议。

第三，观察团队共同形成结论和改进的具体建议。内容主要体现在三个方面：一是本课中值得肯定的做法，说明成功之处；二是基于被观察者本人的实际情况，挖掘被观察者的教学特色和教学风格，形成个人特色；三是指出存在的问题，并提出几点明确的改进建议。

会议后，被观察者需要围绕一个主题，有选择地叙述自己的思考过程和行为变化过程，撰写一份自我反思报告，观察团队也需要对观察资料进行分析与整理，形成观察报告。

第三节 "生疑－绽思－活用"进阶教学的典型案例

《数学广角——植树问题》一课是人教版五年级上册第七单元第一课，是林文智校长参评广东省特级教师的一节精品课，曾获得专家评委们较高的评价。本课正是"生疑－绽思－活用"进阶教学模式的成功实践。现从教学设计、课堂实录和课例解读三个方面，深入阐析"生疑－绽思－活用"进阶教学理念与模式在《数学广角——植树问题》一课中的实践应用。

一、教学设计

（一）设计思想

新课标指出：有效的数学学习活动不能单纯地依赖模仿与记忆，动手实践、自主探索与合作交流是学生学习数学的重要方式。同时指出：学生是数学学习的主人，教师是数学学习的组织者、引导者与合作者。"数学广角"的教学目的主要是让学生体验知识的形成过程和感悟数学思想方法。本单元不是让学生记熟规律、熟练解决与植树问题相类似的实际问题，而是把解决植树问题作为渗透数学思想和方法的一个学习支点，在教学中注重学生的经历与操作，引导学生积极参与试验过程，关注学生试验分析、讨论、交流、质疑等等。因此，要让学生先猜测（生疑），再动手操作、实践验证（即化繁为简的思想），让学生的思维和学习能力得到提升。

（二）教学目标

1. 知识与能力目标

（1）利用学生熟悉的生活素材，通过动手操作等活动，让学生感悟、掌握间隔数与棵数之间的关系。

（2）会应用植树问题的模型解决一些相关的实际问题，培养学生的应用意识和解决实际问题的能力。

（3）渗透化繁为简、一一对应的数学思想，培养学生借助画图解决问题的意识和能力。

2. 过程与方法目标

（1）在学生大胆猜测的基础上，引导学生用直观的方法进行验证，进而产生矛盾冲突，学生很自然地体验"复杂问题简单化"的解题策略和方法。

（2）通过自主探究让学生发现一条线段上三种植树情况的规律。

（3）学习过程中通过小组合作、交流讨论等活动，提高合作意识，充分发挥学习的主动性。

3. 情感、态度、价值观目标

培养学生的分析意识，养成良好的交流习惯，感悟日常生活中处处有数学，体验学习的成功喜悦。

（三）学习者特征分析

本班学生对这类探究性比较强的知识的学习积极性很高，尤其是小组合作交流解决问题的能力往往会出乎教师的意料。所以，在设计本节课时针对学生对间隔排列的规律在生活中有初步的感性认识的基础上，着力于通过从实际生活中抽象出间隔排列，并通过学生的观察、比较、探索，从而找出间隔排列的物体的规律。

从学生的思维特点看，五年级学生仍以形象思维为主，但抽象思维能力也有了初步的发展，虽然具备一定的分析综合、抽象概括、归类梳理的数学活动经验，但是要真正地理解"植树问题"的规律，抽象出其数学模型，并对这些规律的理解、掌握、灵活运用其规律解决相关的"植树问题"却有一定的难度。这部分内容放在这个学段，说明这个内容本身具有很高的数学思维和很强的探究空间，既需要教师的有效引领，也需要学生的自主探究。

（四）学习内容与任务分析

"植树问题"是经典的奥数内容，教材设置在五年级上册"数学广角"的目的是让所有的学生都学习，说明这一教学内容是离学生生活很近的一种数学问题，如孩子对于这一问题的各种现象（种树、在路边安装路灯、挂灯笼、排队、爬楼梯、锯木头……）虽然有一定的生活经验，但是在解决上容易混淆。教材将"植树问题"分为两端都栽、只栽一端、两端都不栽这三种情况，使学生经历将实际问题抽象出数学模型的过程，掌握植树问题中棵树与间隔数之间的关系，并能利用这一关系解决简单的新的实际问题。因此，在教学时应从实际问题入手，让学生通过动手操作、合作探究、猜测验证、比较分析、归纳总结等数学活动来发现隐含于不同的情形中的规律，体验这一数学思想方法在实际生活中的应用。教师不能机械地教学生学会公式和抽象的模型，要让学生在经历"生疑—绽思—活用"的思维进阶过程，探索建立模型和数学思想方法，从而达到能力提升的目的。

重点难点：

1. 搭建"台阶"让学生经历规律的获得过程，理解"棵数"与"间隔数"之间的关系，建立数学模型。

2. 让学生用所学的方法解决一些简单的实际问题。

（五）教学定位与策略设计

"植树问题"在本节课里，学生第一次接触到，根据课程标准的精神，学习的主要任务定位在"能将植树问题推广到生活中的其他问题中，学会通过画线段图来分析理解题意"。数学的思想方法是数学的灵魂。本册安排"植树问题"的目的就是向学生渗透复杂问题从简单入手的思想。

本课的教学，在策略上从三个层次思考：

1.挖掘教材内容，培养学生的问题意识

教材内容具有一定的抽象性，呈现内容的方式单一、静态。因此，要认真钻研和熟悉教材，把蕴涵在教材中的可以让学生开展探究学习的资源挖掘出来，精心设计活动（台阶），让学生"生疑"，然后为学生提供探究材料，让学生进入一个自主发现的情景学习活动中。

2.搭建学习平台，促进学生的思维发展

让学生经历"尝试发现－探究形成－联想应用"的知识建构过程，力求参与面"广"，充分利用小组合作学习形式，保证每个学生都有表达、展示的机会。尽量多让学生摆、画、议，教师一边用展台展示，一边让学生用自己的语言谈出自己对知识的理解，展示自己的思维，并相互进行交流达到取长补短，保证学生的理解不断深入。例如，在本节课中安排了这样的探究活动：探究发现一条线段上两端都种植树问题，初步知道和掌握在一条线段上植树问题的规律，在这次探究活动中，可以说自主探究与合作探究是交相辉映，以及视角碰撞、思维绽放的过程。

3. 开放探索时空，挖掘学生的应用潜能

培养学生应用数学知识解决生活中的问题的能力是新课标中明确提出的培养目标之一，本节课学习先是从课前的尝试探究，以及课始创设的用线段图设计植树方案问题，进而让学生比较棵数与间隔数，总结出规律。这样的过程给了学生多次尝试、探索、修正的机会，打破了课堂内外的时空的局限，同时还将课堂教学延伸到课外应用，达到"活用"的目的。

（六）信息资源与环境设计

采用 ad 视频技术提升 PPT 动画效果；利用图片贴画步步引导探究。

（七）教学活动与过程设计

教学环节	教师活动	学生活动	技术支持
前置学习	让学生思考：一条路总长 12 米，在路的一旁，每隔 3 米栽一棵树，可以怎样栽？栽几棵？	用自己喜欢的方式设计一个植树方案（可以画图，也可以制作模型）。	课前探究

续表

教学环节	教师活动	学生活动	技术支持
环节1：生疑	1. 出示雾霾天气情境，引发思考。 2. 引发学生生疑：植树有多少种栽法？又有什么异同点？ 3. 让学生思考：生活中哪些问题属于植树问题？	1. 在观察中产生问题。 2. 在操作中发现问题。 3. 在思维碰撞中生疑。	1. 平台上展示。 2. 播放短片。 3. 提供图片摆弄。
环节2：绽思	1. 让学生把先学的个性思考进行交流。 2. 通过动手操作，引导学生思考并交流。 3. 提供机会让学生质疑问难。	1. 小组讨论。 2. 汇报整理。 3. 动手操作。 4. 互相质疑。	1. 平台上演示。 2. 播放短片。 3. 提供图片摆弄。 4. 化繁为简。
环节3：活用	1. 让学生思考路灯安装问题。 2. 让学生解决站队问题。 3. 利用"五指四空"记忆法帮助学生理解植树问题。	1. 画图分析。 2. 手指比试。	1. 平台上出示。 2. 示范手指法。
课后延伸	提出探究问题：爬楼梯，数学日记，相关植树的数学题。	1. 探究爬楼梯问题。 2. 写一篇数学日记。 3. 搜集一些相关植树的数学题。	应用模型解决实际问题。

二、课堂实录

（一）情境导入，揭示课题

观看雾霾天气的短视频，让学生谈感受，并说说治理雾霾天气的好办法。

师：没错，其中植树造林就是一种行之有效的方法！你看，上至国家领导人，下至中小学生，都积极投身于植树造林的活动中，相信不久的将来我们的生活环境会越来越优美！植树，能改善我们的环境。植树问题，也是我们数学中的典型问题。这节课，我们就一起来研究。

（板书课题：植树问题）

（二）引导探究，发现规律

1. 问题引领，认识间隔

出示题目：同学们要在全长1000米的小路一边植树，每隔5米栽一棵。猜一猜，可以栽多少棵树？

结合课件理解"每隔5米栽一棵"的含义，并认识"间隔"。

师：这道题告诉了我们什么数学信息，要解决什么数学问题？

师：后一棵树和前一棵树之间要相隔5米，那两棵树之间，这5米的这一段，就叫作一个间隔。那又隔5米又种一棵树，就又有一个间隔。那照这样下去，1000米的路上，就有许多这样的间隔，可以栽许多棵树。那到底能栽多少棵树呢？谁来猜一猜。

师：同学们踊跃猜想，表扬同学们大胆猜想的精神。

师：但光有猜想还是不行，是吧？咱们还要细心去验证它才可以。那到底能栽多少棵树呢？如果有树给咱们栽一栽该多好啊！可是，现在老师手头上没有树啊，怎么办？

2. 探究规律，解疑进阶

（1）渗透"化繁为简"的数学思想

利用课件，让学生体会1000这个数据太大，不便于研究，引导学生先取小一点的数据来进行研究，发现规律后再去运用。

师：你的意思是画图的方法。这种方法可以吗？老师就按你的说法，来，咱们用一条线段来表示1000米的路。我们准备在上面模拟栽树，每隔5米栽一棵，你们感觉是怎么样的？

师：你的意思是，1000米这个数据，太大了，是吧？不便于我们研究，咱们可以怎么样？

师：你的意思是，就把数据缩小一点，这样来研究更简单一点，是吧？

（2）研究路长20米的植树情况

以小组活动的形式，让学生利用画图的方法研究"在20米的小路一边，每隔5米栽一棵树"的植树情况。

师：100米可以，我们再小一点，20米，可以吗？就按这个同学说的，咱们截取20米。像这位同学这样，数学家们也是用这种方法来研究的，他们也是用小一点的数据来研究，发现规律后再去运用，这是一种化繁为简的数学思想。小小年纪的你们都能想到这个方法，真了不起！

师：你们看，在20米的路上来画树的话，感觉怎么样？简单多了，是吧，咱们就在大脑中构思一下，在这条路上画树的话，树怎么样用一些简单的符号来表示？每隔5米栽一棵的话，你能想出几种不同的栽法？

师：都有想法了吗？下面，我们就分4人为小组，先把你的想法跟我们的组员交流，再把它画下来。比一比，哪组画得又快又好，可以吗？开始。

（小组合作，师巡视指导，师让各小组画的在黑板上展示）

师：还有同学想展示自己的作品是吧，行，咱们就先展示这么多，好吧。

师：经过刚才小组的讨论，咱们同学就发现了这么多种植树的方法。老师刚才观察了一下，路的长度都是20米，都是每隔5米就栽一棵，那同学们画的树的棵数怎么样？不一样是吧？这样看起来有点乱，老师请一个小助手来整理一下。

（3）展示学生不同的图示，汇报整理。

归纳植树问题的三种情况（两端都栽、只栽一端、两端不栽），寻找现实生活中"只栽一端、两端不栽"的情况。（完善板书）

师：这样，为了我们研究得更清楚，让咱们的老师和后面的同学们看得更清楚，再请一位小助手，把同学们的想法像这样展示在左边的黑板上，可以吗？

师：孩子们，把我们的目光集中在这3种植树方案中，认真观察一下，这3种方案有什么不同的地方？

师：就照这位同学说的，给这3种方案都起个名字，好不好？第一种方案，路两端都栽了树，咱们就可以把它叫作（两端都栽）（板书），第二种方案叫作什么好呢？

师：那么，生活中你见过只栽一端，两端不栽的情况吗？

师：这位同学很善于观察！有时候日常生活中在路的一端或两端有建筑物、障碍物，或者条件不允许种树的时候，这里还需要种树吗？（贴建筑物）

（4）观察思考：虽然植树棵数不同，三种植树方案又有什么相同的地方？（归纳求"间隔数"的基本方法）

师：我们怎么样用列式计算的方法计算出来？（间隔数？）

（5）小组讨论，借助"一一对应"的思想发现规律。

师：这3种植树方案的间隔数都是4个。那树的棵数，我们观察一下，分别是——（5棵，4棵，3棵），老师就发现，间隔数与树的棵数非常接近，是不是？说明它们之间有可能存在着某种联系，那它们之间究竟有怎样的联系呢？咱们小组讨论一下，找出棵数与间隔数之间有怎样的联系，好吗？活动开始。

（小组讨论，师巡视指导）

师：好，同学们讨论得很热烈，是不是有了自己的想法了？咱们就把自己的想法来跟同学们交流一下，谁来？

师：也就是棵树比间隔数怎么样？

生：多1。

师：多了哪个1？

生：最后一端。

师：你能上来把它圈出来吗？

师：哦，那它为什么就多出来了呢？

生：因为一棵树就对应一个间隔，而它就没有了。

师：像这位同学这样，我们可以把一棵树和一个间隔对应着来数，这种一一对应（板书）的方法对我们研究植树的问题是非常有帮助的。

师：下面，我们就用一一对应的方法来找出只栽一端时棵数和间隔数有怎样的联系，好吗？

师：我们通过小组讨论，汇报交流，就发现了 20 米时，有这样的三种规律。那路长改变了，是否还存在着这样的规律呢？咱们一起来看一下。

（出示路长 15 米及 25 米的三种情况棵数和间隔数）

师：我们就发现，不管路的长度是多少米，都存在着这样的规律，是吧。

师：好，我们就利用我们发现的规律，来计算出路长是 20 米，每隔 5 米栽一棵树，可以栽几棵树？

（6）回顾 1000 米路长的植树情况，验证猜想。

师：看来同学们已经会用规律来解决问题了，是吧。

师：下面，利用我们发现的规律来验证我们的猜想，猜想 201 棵是哪一种植树情况？

（三）巩固新知，强化能力

师：猜错了，老师觉得很正常。因为那时我们还没有学，是吧？现在学完了，你还会犯错吗？（不会）对，那我们就进步了。

师：这节课，我们就通过同学们的大胆猜想，细心地验证，发现了植树问题有这样的 3 种规律。我们以后在遇到这类问题时一定要擦亮双眼，看清楚题目的要求，再去解决，可以吗？

师：老师这里还准备了一些植树问题，敢挑战吗？（师按动转盘）看看这位同学想考我们什么？

师：说好了植树问题，树呢？

生：都换成路灯了。

师：路灯可以看成什么？（树）同意吗？这位同学真会学以致用，这其实也是一种植树问题。可以用哪一类植树问题的方法来解决呢？

师：就是队伍的长度，也就是4米。这其实就是一个两端都栽的植树问题。5棵树之间有几个间隔呀？（4个）所以队伍的长度就是4米。好，这道题呢？是有图来帮助我们分析，所以一下就可以看出是4米了。没有图怎么办？

师：其实还有更简单的方法？来，看看我们的手，谁发现了什么？

生：可以用手指来表示。

师：4个手指缝，就是5个小朋友之间的间隔。很好，看来我们的手啊，也可以帮助我们掌握植树问题，对不对？

师：老师出的题目都没有难住大家，来，我们再来挑战。

师：这道题，咱们在练习本上完成好吗？

（四）课堂总结，课外延伸

师：这节课，时间过得非常的快，在同学们的探索和交流中，咱们整节课的学习任务已经完成了。回顾咱们本节课的学习过程，你感受最深的是什么呢？谁来说说，你有什么收获？

师：这节课，咱们通过化繁为简的方法研究了植树问题，通过一一对应的方法找出了植树问题的3种规律。其实，植树问题，不但是研究怎样植树的，而且是帮我们建立起一种数学的模型，解决生活中遇到的实际问题。

师：植树问题里还有许多有趣的知识，需要同学们在以后的学习中去探索和发现。（出示：植树问题的其他应用）

师：来，同学们看看，爬楼梯都有数学。看到同学们都很有兴趣，那咱们课后再去解决，好吗？

下课！

三、课例解读

《数学广角——植树问题》一课上得很精彩，曾获得专家组很高的评价。其成功之处就在于贯彻了"进阶教学"理念，运用"生疑－绽思－活用"进阶教学模式，把核心问题分解为有层次性的子问题，以问题引领学生在进阶式学习中探究交流，绽放思维，逐步深入理解和提升，突出了教师的指导性和学生的主体性，教师教得轻松自如、扎实有效，学生学得兴致盎然、收获颇多。整节课，氛围轻松，步步深入，让课堂变成师生探究知识奥妙和分享学习智慧的乐园。

（一）"生疑"环节：前置先学，探索思疑

前置性学习的内容放在了课堂之外，不同个体的学习就会因人而异，自主选择学习的方式、方法和进度，同一个问题可以自己去查阅相关资料，也可以上网搜集相关的信息，还可以向身边的人请教。而学生将各自所学的知识展示于课堂之上，就会因为这种特殊的"展示"而快乐，反过来激发下一次的学习，形成良性循环学习。

在本课中，教师布置了一道前置性作业："一条路总长12米，在路的一旁，每隔3米栽一棵树，可以怎样栽？栽几棵？请你根据这些

植树要求，用自己喜欢的方式设计一个植树方案，可以画图，也可以制作模型。"这道题给了学生充分的尝试独立思考的时间，把课堂时间的"有限"变为"无限"，拓宽了自主学习的空间，为课堂上的学习做好充分准备。

前置性学习的过程成了学生自己的事，由学生自主安排，不再受教科书和课堂的限制。相对自由的心灵状态，给学生带来巨大的生命活力，即使"笨鸟"也可以"先飞"，于课外提前或用较多的时间进行学习，以便在小组互助与课堂展示中拥有发言权。久而久之，学生的自主学习就会水到渠成地形成。

（二）"绽思"环节：课中导学，解疑进阶

课中导学，是学生在"先学"的时间内完成自己能力范围内的学习活动，把所有的疑问记录下来在课中进行小组讨论；而教师有选择地把学生提出的有针对性、代表性的问题集中探讨，如同伴式、小组式、异组式、师生式等。这种分析问题和解决问题的方式，有效地拓展了课堂的时间和空间。

在本课中，教师首先在导入环节通过简短而震撼人心的视频，创设情境，让学生深刻认识到植树造林对改变环境污染的重要性，并因势利导引出课题"植树问题"。接着，教师提出本课的核心问题："同学们要在全长 1000 米的小路一边植树，每隔 5 米种一棵。猜一猜，可以栽多少棵树？"围绕这一核心问题，教师引导学生小组合作学习交流，探索规律，构建模型。教师在教学中重视画线段图学习策略，并通过多媒体直观演示辅助教学，突出"一一对应"思想，把间隔点数和栽树的棵数对应起来，给学生渗透"化繁为简""一一对应"

的数学思想，并进行回顾，验证猜想。然后，教师出示一道练习题："在全长2000米的街道两旁安装路灯（两端都装），每隔50米安装一座。一共安装了多少座路灯？"以此检测学生对知识点的规律与方法的掌握情况，在这个过程中教师及时反馈，学生互帮互学和纠正。最后，师生总结学习本课的收获，深化感悟，反思提升。

这节课，在教师有价值的"问题台阶"的引导下，学生带着疑问，进行小组合作，在活动中学生经历动手操作、合作交流、分析思考和建构模型等过程，绽放思维，模型思想在"无意"中渐渐"植"进了学生的头脑。

（三）"活用"环节：拓展思维，课外延伸

植树问题的模型是现实世界中同类相近问题的放大，它源于现实，又高于生活。所以，在现实中有着广泛的应用价值。为了让学生理解这一建模的意义，教师出示了生活中的一些常见的植树问题，加强了模型应用功能的练习，本课练习有以下两个层次：

一是直接应用模型解决简单的实际问题。课堂上，安排学生自主完成已知总长和间距求棵数、已知棵数和间距求总长的练习，让学生从正反两个方面出发，直接应用模型解决简单的实际问题。训练学生双向可逆思维的能力。

二是推广到与植树问题相近的一些问题。让学生进一步体会，现实生活中的许多不同事件，如路灯安装问题、学生站队问题、校园内花盆的摆设、爬楼梯问题等，同时利用"五指四空法"帮助学生理解和解决植树问题，巩固了所学知识，更让学生感悟到数学学习的价值所在。

进阶教学模式固然注重课前课中，更看重课后。课后延伸，是拓展思维、形成连环式的一路有"思"的重要环节。因此，"课后"依然是学生学习的大舞台之一。

在本课中，教师给学生布置了两道课外作业：（1）根据今天所学的内容和方法写一篇数学日记；（2）植树中的学问还有很多，课下请大家搜集一些相关的数学题，来考一考你的同伴。这里，教师通过开发作业，让学生在课外完成，探究延伸，拓展思维，从而把"苦学"变为"乐学"，把"要我学"变为"我要学"，把"被动"变为"主动"，把"负担"变为"享受"，促进学生快乐、幸福地发展。

一般而言，课后延伸无非就是课外作业，我们并非一刀切，而是从两方面着手：一方面是因人而异，学生对事物的兴趣、对知识的接受与掌握能力是各不相同的，必定存在一定差异。因此，在考虑共性的同时，力求因人而异；另一方面是形式多样，因为有"多项选择"才能有"为"，如书面作业、口头作业、实践作业等形式，让学生的思维得到充分的拓展，巩固知识要点。教师为学生精心设计课后作业，拓展的是学生探究的思维，培养的是学生学习的兴趣。

总之，基于学生认知发展水平和核心素养，让学生经历猜测（生疑）、动手操作、实践验证（化繁为简思想）的思维进阶过程，探索建立模型和数学思想方法，对于突破传统"灌输式"教学模式的掣肘、提高课堂教学实效、达到学生能力提升具有重要意义和实践价值。

第五章　学生在"生疑-绽思-活用"进阶教学中的角色分析

"生疑-绽思-活用"进阶教学，是一种在教师的指导下学生通过进阶式学习而不断提升自身学习能力和素质的教学模式。"生疑-绽思-活用"进阶教学以学生为中心，以学生的发展为本，强调学生的主体地位，尊重学生的个性差异，重视学生的内心感受，把学生从被动学习推向主动学习的最前沿，鼓励学生的不同感知，让学生以主人的姿态亲自参与，从而一步步进阶式地充实知识、提高技能。"生疑-绽思-活用"进阶教学倡导自主、合作、探究的学习方式，强调学生主动参与、乐于探究、勤于动手、善于交流，激发学生的学习动机，培养学生的学习能力，提升学生的学习成效。"生疑-绽思-活用"进阶教学注重培养学生的高阶思维、实践能力和创新精神，能更好地落实学生的核心素养发展，促进每一位学生全面发展。

第一节 学生在"生疑－绽思－活用"进阶教学中的角色

学生在"生疑－绽思－活用"进阶教学中的角色，主要体现在学生是具有主体性的个体、具有能动性的个体和具有差异性的个体。在课堂上，学生是学习的主体，而教师是学习的组织者、引导者。教师不再是单纯传授知识，解答疑惑，而是引导学生自己去发现、探究知识。教师应该以生为本，充分发挥学生的主体作用，鼓励学生参与学习。这样，教师才教得轻松，学生也才学得快乐。教师要相信学生的高度能动性，大胆放手，让学生变成课堂的主角，自觉学习，主动学习。这样的课堂出现的不是教师辛苦地"教"的场景，而是学生快乐地"学"的场景，课堂气氛热烈，精彩纷呈。每个个体都是不同的。教师要重视学生的差异性，在尊重和接受学生不同感受的同时，关注每个学生在学习活动中的个性表现，让每个学生都有属于自己的成功体验，真正地成为学习的主人。

一、学生是具有主体性的个体

新课程指出，学生是学习和发展的主体，要尊重学生在学习过程中的独特感受、体验和理解。"一切为了每一位学生的发展"，是新课程的最高宗旨和核心理念。新课程倡导把学生看作是发展的人、独特的人、具有独立意义的人，其根本就在于在教学中要以学生为主体，让学生真正成为学习的主人。但是，传统教学只注重传授知识的重要性，而忽略了对主体性的关注。在传统教学思想中，教师是课堂的中心，学生只是被动的接受者。为了秉承传统的思想，学生必须以教师说的话为权威，教师说的就是对的。随着新课改的深入开展，教师的主体位置已逐渐下降，学生成为课堂的主体对象。的确，学生既不是待灌的花瓶，也不是一个冷冰冰的机械人，而是有血有肉的生命个体，有自己的想法，有自己的体验。

灌输式教学显然已不能满足学生的要求，已跟不上时代发展的步伐。因此，探讨新的教育理念、新的教育方式已经迫在眉睫。进阶教学就是教育者探讨新的教育理念、新的教育方式的结果。进阶教学以学生为中心，关注学生自己的感受、价值取向和学习方式，让学生自己学会感受、观察、反思和总结，学会在不同情境中思考、解决问题。

例如，在教学《圆锥的体积》时，教师创设了这样的活动情境：首先将学生分成10组，每组发给实验材料：圆柱、圆锥和沙子。"把圆锥装满沙子往圆柱里装，直到装满为止，你们发现了什么？"学生边操作，边思考，边讨论，兴趣甚浓，马上得出结论：用圆锥装满沙子往圆柱里倒，三次正好倒满，说明圆锥体的体积是圆柱体积的三分之一。这时教师又出示一组圆柱、圆锥，请同学们看老师操作，可结果是：用圆锥装满沙子往圆柱里倒，四次才能倒满。这时，学生都瞪大了眼睛，有的说："老师，你肯定装的不标准。"于是，教师请一名学生再次演示，结果还是这样。针对这一"矛盾"学生进行了热烈而又深入的再探究，最后发现，圆锥体的体积是与它等底等高的圆柱体积的三分之一。教师顺利地完成了教学任务,达到了在进阶教学中培养学生探究能力的目的。

进阶教学贯彻落实新课程理念,是一种倡导学生"自主、合作、探究"的教学,它不再以传授知识为唯一目标,而是致力于智力发展在内的学生个性、整体素质的教学。这就需要教师在教学中真正落实学生的主体地位,真正发挥学生的主体作用,大胆放手,相信学生能通过动脑、动眼、动手、动口主动地获取知识,并通过多种教学形式与手段引导学生自主探究、合作交流,改变传统的学习方式,使学生有效地参与教学活动,在探究未知转化为已知的过程中,获得知识,发展能力。

二、学生是具有能动性的个体

新课程理念下,学生是具有高度能动性的个体,不再是单纯意义上的简单的、被动的知识接受者。随着社会时代的发展,学生的能力、素质、视野、思想观念将会有大幅度的提高。学生越来越显示出自己的个体能动性,有着强烈的创新精神,他们可以在自己已有知识范围内做出自己的是非判断和价值判断。在这种条件前提下,教师要充分信任依赖学生,要放开手脚,不需要教师包办一切。要让学生大胆试验、尝试,充分相信学生的创造才能和创新精神。只有充分相信学生的主观能动性,学生才会有自信心,这有助于学生角色意识的觉醒和提高。

美国心理学家和教育学家杰罗姆·布鲁纳认为,教学过程就是在教师的引导下学生发现的过程。要求学生利用所给定的材料,主动地进行学习，强调要自我思考和探索事物，而不应消极地去接受知识，要像数学家那样去思考数学，像历史学家那样去思考历史，亲自去发现问题的结论和规律，成为一个发现者。可见，当学生对学习产生兴趣，他就能主动地学习，去思考，去探索，去发现，从中获取知识，解决问题，进而养成自觉主动学习的习惯。教师应尊重学生，还学生学习的自由，不要过多地"管"学生，对学生提出过分的学习要求和过高的学习目标。因此，教师要想让学生自觉主动地学习，首先必须让学生得到"自由"，然后在学生"自由"的基础上，教师想方设法点燃学生学习的激情，培养学生的学习兴趣。这样才会让学生自己认识到学习的趣味性和必要性，也才会自觉主动地学习了。

例如，在设计《普查与抽样调查》学案时，教师针对这节课的特点，让学生在活动中去体会、解决问题，从而主动去学习。具体设计是：针对本课的内容，把学生分成4个小组，每个小组选出一个班级之星（时逢期末，按班级计划进行活动之一）候选人，然后告诉同学们只有一名同学能成为班级之星，落选的其他三名同学为三好学生。候选人选好后，小组讨论采取什么方法确定班级之星，然后各组代表发言谈选取方法（抽查），大家达成一致意见投票表决（普查）。选票收上来后，全班推荐三位代表，一名同学唱票，两名同学监票，各小组分别计票并整理（画记），各小组展示计票结果，从而选出班级之星，颁发奖品。这样设计，让学生在感兴趣的活动中获取了知识，培养了能力和学习兴趣，又给学生上了一堂生动的德育课，让学生真正地、主动地参与到课堂中来，使原本枯燥的数学课堂变成了学生所向往的乐园。①

在教学过程中，教师把学习的主动权交给学生，引导学生自觉学习、主动学习；从而让学生充分地发掘自身的潜能，激发出对探究新知的兴趣，同时让课堂焕发生机和活力。心理学认为，主观上情愿做的事情往往会做得更好。如果一个人对一件事感到很有趣，很情愿做这件事，他便会付出很大的努力去完成它。如果他感觉这件事很枯燥但又不得不做，他便不会在上面下很大的功夫。学习同样如此。不自觉的、被动的学习是不会取得良好效果的，并且这种不自觉和被动也会导致学生丧失对学习的兴趣。可见，教师要从过于注重知识传授转向培养学生积极主动的学习态度，教会学生自己学，要学生在学习过程中学会学习、学会生存、学会做人，形成正确的价值观、良好的态度和高尚的道德品质。

三、学生是具有差异性的个体

学生是具有差异性的个性，进阶教学重视学生的个体差异性。教师只有充分认识到学生的个体差异性，才能在此基础上实行教学，因材施教才能落在实处，才能区别对待，掌握重点与普及的力度，这样教学必将事半功倍。传统教学忽视学生学习的个体差异性，要求所有学生在同样的时间内，运用同样的学习条件，以同样的学习速度掌握同样的学习内容，并要求达到同样的学习水平和质量。这种"一刀切"的做法，使很多学生的学习不是从自己现有的基础出发的，而是从教师主观出发，这在学习新知方面存在着不同程度的障碍，未能获

---

① 王大前. 如何培养学生自主学习的习惯 [J]. 考试周刊，2011（61）：90.

得有效的进步。

德国教育家第斯多惠指出，不信任人的天性，就不可能有成功的教育。一切教育都应当适应每个人的个性特征。教师应尊重学生的个性差异，用赏识的目光、激励的眼神去看待每个学生，让他们充分认识自我，完善自我。每个学生都有进步的要求，有过对理想的最好的憧憬，甚至为这些憧憬曾准备奋斗或正在奋斗，这时，如果他们得不到很好的赏识，也许就会畏缩不前或是自暴自弃。教师不仅要赏识聪明的学生，更要关注后进的学生。相对于聪明的孩子，后进的学生所受到的关注、表扬较少，他们在认识上滞后、思维上僵化、行动上表现为孤僻与不合群。这时，教师对他们的要求不能整齐划一，而要尊重他们的个性差异，做到因材施教，对不同的学生提出不同的要求，采用不同的教育方法和手段，让每个学生都感受到成功的快乐。

例如，20以内的退位减法15−9，用成人的观点看，"想加算减"的方法是最好的，它可以根据加减法之间的内在联系很快想出得数。但是，如果没有教师的启发和引导，学生是很难想到这种方法的。在动手操作的基础上，不同的学生采用的方法也不尽相同，如从15里面一个一个地去减；用15−5−4=6；用10−9+5=6等。有的方法在成人看来也许是非常慢的，但由于是学生自主探索的结果，因而印象十分深刻，对学生来说是十分有益的。学生会在比较自己的算法和别人的算法的过程中，学会放弃，学会选择。这样，不同学生的认知水平和学习能力都可以在原有的基础上获得相应的发展。

在数学教学上，新课程理念提倡"算法多样化"。认识和理解数学可以有不同的方法，允许学生用适当的方式理解数学问题，用自己的方式探究和解决数学问题。有的方法在成人看来是最好的，但不同的学生却会有不同的感受。教师在进行教学设计时要充分考虑到这一点，尊重学生的个体差异，让学生有自主选择学习方式的机会，使学生积极主动地参与学习过程，从而获得有差异的发展。教师尊重学生的个体差异性，还要让学生在充分了解自身的客观条件，并在进行综合评估的基础上，根据自身的需要，确定具体的学习目标，选择相关的学习内容，制订科学的学习计划，并对学习结果做出自我评估。

第二节　学生在"生疑－绽思－活用"进阶教学中的学习方式

新课程倡导自主、合作、探究的学习方式，强调学生主动参与、乐于探究、勤于动手，培养学生搜集处理信息的能力、获取新知识的能力、分析和解决问题的能力以及交流合作的能力。自主、合作、探究的学习方式充分体现了以人为本、民主平等的教育理念，它彰显了学生的主体地位。这正是"生疑－绽思－活用"进阶教学理念所大力倡导和积极实施的。传统的接受学习，并不能受到学生的欢迎，使学生变得愿学、会学和乐学。其实，学习的一个重要目标就是要学会学习，这也是现代社会发展的要求。因此，学生在学习中应追求更高的学习境界，使学习成为一件愉快的事。基于"生疑－绽思－活用"进阶教学模式的自主、合作和探究学习方式，能让学生体验到更多的乐趣，促进学生的学习能力和综合素质有更大的提升，理应受到教师和学生的重视，并得到有效的落实。

一、基于"生疑－绽思－活用"进阶教学的自主学习

自主学习是与传统的接受学习相对应的一种现代化学习方式。自主学习就是学生能自觉地承担起学习的责任，不断挖掘潜在的独立学习能力，在学习过程中进行自我计划，自我调节，自我指导，自我强化，不断发现问题，提出问题，分析问题和解决问题，强调有个性的学习活动过程。[①]在"生疑－绽思－活用"进阶教学中，自主学习是一种有效的学习方式。在自主学习中，学生自觉主动地发现、探索、理解、运用知识，自觉学习，学会学习。他们把学习视为自己的天职，把学习当作成长的乐趣，对正在学习的内容很好奇，积极地参与到学习过程中；在任务完成后自觉反馈，分享成功的机会；对正在学习的知识感到很有乐趣并觉得富有意义，具有良好的学习习惯和能力。陶行知先生说过，解放孩子的头脑，让他们能想；解放孩子的眼睛，让他们能看；解放孩子的双手，让他们能做；解放孩子的时间，让他们能学自己想学的东西。显然，让学生自觉主动地去听、说、读、写、思、做，是教育学生的前提条件，是教学的目的，是学生所需要的。

如：在讲授"声音是什么"一节内容时，如果教师还是按传统教学模式为学生做演示实验：先敲击音叉，使其发声，再将音叉放入水中，激起水花，从而让学生判断声音是由振动产生的。这样的教学

---

① 居雪青.自主学习，快乐成长[J].中学生数理化（教与学），2012（5）：23.

效果并不是很突出。原因是教师的演示实验，坐在后面几排的许多学生既听不见音叉发出的声音，更看不到音叉振动激起的水花，学生不能充分体验，因此教学效果不明显。如果教师在此采用自主学习的方法，效果将很不一般。教师可以在演示实验的基础上，引导学生利用身边的物体做这样的小实验：有的学生敲桌子使其发声，有的学生撕纸使其发声，有的学生弹拨圆珠笔使其发声，有的学生拍巴掌使其发声等等。学生通过自主学习有了亲身体验，然后引导学生去分析这样的声音是如何产生的。这样就能激发他们探究的好奇心，他们发现发声的物体都在振动，从而加深声音是由振动产生这一声学原理的认知和理解。[1]

在教学过程中，教师时刻关注学生的学习情况，让学生通过自主学习去发现、去感受、去体会，那么便会让学生充分地发掘自身的潜能，激发出对学习新知的兴趣，同时让课堂焕发生机和活力。教师要用新课改的观念来指导教学，改变以往主宰课堂的地位，真诚地相信学生，把学习的权利交给学生，为学生创造自主学习的条件，如营造良好的氛围、保证充足的时间、提供必要的学习材料等，给予学生点拨、引导和激励，唤起学生发自内心的学习愿望，使教育的外因转化为学生学习的内在动力，变必需的学习任务为内在的自觉要求。这样，自主学习才会得以实现。一言蔽之，我们要以生为本，精心培养学生自主学习的习惯和能力，激发和培养学生内在学习动机，使学生

---

[1] 王井泉. 浅议"体验式教学"对学生能力的培养 [J]. 中学物理，2013，31（20）：75.

在轻松愉悦的环境中享受学习。

二、基于"生疑－绽思－活用"进阶教学的探究学习

进阶教学是一种让学生主动探究学习的教学，能够满足学生的这种需要。进阶教学强调学生的探究活动，提倡探究学习。探究学习，实现了教师的指令性学习向学生的选择性学习过度，在极大地提高教学效率的同时，也使学生的学习方式发生根本性的变革。在探究学习中，学生自觉主动地发现、探索、理解、运用知识，自觉学习，学会学习，变"要我学"为"我要学"，变"跟我学"为"我会学"。陶行知先生说过，有的时候，我们为学生做的事越多，越是害学生。因为为人，随便怎样精细周到，总不如人之自为，我们与学生经验不同，环境不同，所以合我们意的，未必合乎学生的意。可见，在教学中，教师应站在培养学生创造性思维和创新精神的高度，相信学生的认知潜能，让学生像科学家一样去自己研究、发现，在探究中体验，在体验中主动建构知识。

如：在教"简单电路"这节内容时，教师指导学生分组实验，归纳出灯泡会亮起来的方法是：连接灯泡的导线两端分别接在电池的正极和负极上，形成电流的通路。这时有个学生提出："如果我把小灯泡的铜壁与电池正极相接，用导线连接负极和小灯泡的白锡点，那么小灯泡能不能亮起来？"顿时，教室里沸腾起来，学生们对这个问题争论十分激烈，有的说可以，有的说不可以。出现这样的情况，教师很高兴地问："大家想知道小灯泡到底能不能亮，最好的办法是什么？"学生齐声回答说："进行探究实验。"通过实验，学生证明了第二

种接线方法同样能使小灯泡亮起来。本课，教师首先让学生画简单电路，接着猜想，然后实验，从而让学生真正理解了简单电路的工作原理。在整个教学过程中，学生的探究热情高涨，获得了快乐的学习体验。

在进阶教学中，教师让学生主动进入探究过程，使学生进入快乐学习的新体验，这显然是一种高效的教学方法。探究学习，使学生由原来的被动学习者变为能够独立解决问题的创造者，切合了核心素养的教学宗旨。在探究学习中，教师要给学生更多的探究空间，使学生能够自由选择探究内容、探究方式和探究伙伴，在探究学习中发展个性，提高能力。在探究内容上，教师可以鼓励学生根据自己的兴趣爱好，自主选择一些探究内容，鼓励学生向课外探究扩展。在探究伙伴上，教师可以鼓励学生自己选择合作伙伴，组成临时探究小组。这样，学生每节课的探究伙伴可能都是不同的，他们之间更容易形成优势互补，成员间的潜力可以得到有效发挥。在探究形式上，教师可以鼓励学生自行选择探究形式，可以是小组活动，是师生活动，也可以是学生独自的探究活动。一言以蔽之，教师要给学生更多的自由探究空间，使学生主体意识得到最大限度发挥，以此促进探究效率的不断提升。

三、基于"生疑－绽思－活用"进阶教学的合作学习

"生疑－绽思－活用"进阶教学强调自我意识，倡导自主的、独立的学习；但是并不排斥学生之间的合作学习。相反，这种教学模式还要求学生能有效运用周围的学习资源，师生之间、生生之间形成合作。合作学习是新课程改革中提倡的三种学习方式之一。合作，有利

于培养学生良好的团队意识；交流，有利于锻炼学生的沟通与交往能力，从而促进学生的全面发展。在交往互动的过程中，学生相互启迪，相互帮助，共同实践，共享成功的喜悦；并开启自己的心智，取长补短，完善自我，展示自己的才能，体验自己的生命价值。对于基础差或自控力差的学生，很难在长期的独立、自主的学习中坚持下来，更需要来自他人的辅助和激励。由此更显合作的重要作用。合作学习一般是以小组形式进行，教师应引导小组活动，将独立学习与合作学习结合起来，从而使学生长期的学习能坚持下来。

如：在学习颜色单词时，教师设计了一个关于配色的小实验，目的是通过学生小组合作的操作试验，获得在真实情景中用所学语言功能进行交流的机会，培养学生的合作探究能力，并获得一些美术知识。教师先为学生做了一个示范：用透明的塑料杯分别倒入同等的红色和黄色的颜料水，然后把它们混合在一起。一边说："Red and yellow. What colour is it？Guess！"当学生们看到两种颜色结合在一起变成另一种颜色的那一刻，都情不自禁地发出赞美的声音，并立刻用英语说出配出的颜色"It's orange."接着，学生便兴致勃勃地开始做实验了。学生们表现得很好，每六个人一组，每组有发出颜色指令的，有操作的，有记录配色结果的，整个过程是学生们用英语进行交流的过程，有的小组还集体说出："Oh，how nice！"实验结束后，各小组开始汇报实验结果。通过他们的动手操作，亲身体验，发现颜色的奥秘，整个过程学生都是那么好奇，充满兴趣。①

　　由于教师运用了小组合作学习的教学方法，因而激发了全体学生参与学习颜色单词的积极性，使学生愉悦地掌握了知识要领，提高了操作技能，并在相互交流中学会了沟通，学会了分享。通过合作学习，学生实现优势互补，在学习过程中减轻了压力，增强了自信心，增加了动手实践的机会，同时促进了全体学生个性品质的发展。合作学习让学生由被动变为主动，把个人自学、小组交流、全班讨论、教师指点等有机地结合起来。特别是在分组讨论中，充分发挥了学生的自主性，组内成员相互合作，小组之间合作、竞争，激发了学习热情，挖掘了个体学习潜能，增大了信息量，使学生在互补促进中共同提高。课堂一改过去教师"一言堂"的现象，学生摆脱了干巴巴的被动接受，变为亲自参与，形成了一个全员参与、人人开口、积极思维、大胆创新的教学氛围，基本上都能发挥比单独行动时更大的作用。基于此，教师应注重学生之间的合作，让他们体验合作带来的愉悦。

---

　　① 岑丽云.发挥小组合作学习的魅力：Colours教学片段及反思[J].小学教学设计，2005（33）：28-29.

第三节　学生在"生疑－绽思－活用"进阶教学中的素养发展

核心素养是学生应具备的适应终身发展和社会发展需要的必备品格和关键能力。就学科而言,核心素养是核心知识、核心品质和核心能力的综合体。随着新课改的深化和核心素养的提出,在课堂教学中培养学生的能力成为一个重要的教学目标,也成为广大一线教师的共识。然而,传统的灌输式教学过于注重知识的传授和技能的训练,过于强调学生接受学习,忽视学生的体验学习,直接将教师的体验传授给学生,以至于学生的能力培养流于形式。进阶教学为学生能力的培养提供了广阔的时空。进阶教学丰富多彩的活动内容,为学生提供了鲜活的生活情境,增加了学生感知知识的途径;对事物的观察、探索、研究、发现及问题解决的过程,促进了学生各种能力的发展。基于此,我们深入开展了进阶教学的课改探索,并在教学实践中加以落实,达到了落实学生核心素养培养的教学效果。这里从落实学生的高阶思维、实践能力和创新精神的培养三个方面进行阐述。

一、在进阶教学中落实学生高阶思维的培养

高阶思维,是指发生在较高认知水平层次上的心智活动或认知能力。其在教学目标分类中表现为分析、综合、评价和创造。美国教育家布卢姆将思维过程具体化为六个教学目标:记忆、理解、应用、分

析、综合、评价和创造。其中记忆、理解、应用是低阶思维，是较低层次的认知水平，主要用于学习事实性知识或完成简单任务的能力。分析、综合、评价和创造为高阶思维。高阶思维是高阶能力的核心，主要指问题求解能力、创新能力、决策能力和批判性思维能力。高阶思维能力集中体现了知识时代对人才素质提出的新要求，是适应知识时代发展的关键能力和必备素养。思维发展与提升，对学生核心素养的培养至关重要，培养学生的思维素养是核心素养的核心。高阶思维是思维的高级层次。培养学生的高阶思维能力，就意味着培养学生的问题意识、科学精神和创新能力，这显然有助于加快促进学生核心素养的发展。指向高阶思维的进阶教学，通过问题引发学生开展分析、反思、批判、创新等思维活动，让思维方式在学生的内心深处"扎根""生长"，成为学生学习的自觉力量，使教学成为发展和提升学生核心素养的教学。

如：在教学柳宗元的《江雪》时，吴老师向学生提了这么一个问题："这么寒冷的下雪天，这位老人真的是为了钓鱼吗？"一石激起千层浪。不是为了钓鱼又是为什么呢？我没有搬出教参中现成的答案，而是用期待的目光望着学生，有的说："老人在独自欣赏雪景。"万里江山，粉妆玉砌，渔翁之意不在鱼，在乎雪景之美也！有的说："老人内心十分孤独、寂寞，诗每一行的第一个字连起来就是'千万孤独'。"多妙的发现啊！有的说："我觉得老人在磨炼自己的意志，因为天寒正可以锻炼人。"有的说："这位老人与众不同，看起来很清高。"诗人那种不愿同流合污的心迹不正隐含其中吗？最后有一位学生说："他是在钓一个春天。"一语双关！是啊，冬天来了，春天还会远吗？诗人在遭受种种打击之下依孜孜以求，不正是等待"春天"的到来吗？学生的诠释独具慧眼，精彩至极。以体验感悟为灵魂问题启迪教学，打开了学生思维和想象的空间。闪现出个性化的理解，迸发出智慧的火花，这样的语文课充满了活力和魅力！[①]

教学中，问题不在于数量多少，而在于是否有思维的质量与思考的空间，有挑战的问题才具有吸引力。可以说，有思维质量的教学活动才真正具有教学的魅力。"生疑－绽思－活用"进阶教学模式是指向高阶思维的一种新型教学模式，旨在促进课堂教学从"低阶思维"向"高阶思维"的转型。在高价思维的引领下，"生疑－绽思－活用"进阶教学呈现了民主、积极、活跃的课堂生态，学生敢于批判质疑，善于深度思考，乐于实践创新。一步步突破思维的障碍，跨越教师设置的"问题台阶"，实现高阶的自我成长。在"生疑－绽思－活用"进阶教学中，教师首先要善于激发学生的问题意识，鼓励学生质疑问难，自主探究；其次根据学生的认知水平搭建脚手架，让学生探究问题时碰撞思维，绽放思想，让学生的认知水平和思维能力上升到一个新的"台阶"；最后引导学生学以致用，解决实际问题，提高实践创新能力。"生疑－绽思－活用"进阶教学的终极目标，是指向学生高阶思维的培养，提升学生的核心素养。

二、在进阶教学中落实学生实践能力的培养

进阶教学模式区别于传统的教学模式。传统的教学模式，是要求

[①] 朱宇.探究，需要有意识的"纠缠"[J].教育研究与评论（小学教育教学），2013（2）：75-76.

教师向学生讲授基础知识、基本理论和基本技能为主的一种教学法。进阶教学模式，则是要求教师在讲清一定的理论知识的基础上，有目的地创设教学情境，激发学生的学习热情和学习主动性，并对学生加以引导，让学生独立地动手、动脑，亲自去感知、领悟、体会知识，并在教学实践中得到证实的一种行之有效的教学法。进阶教学提倡在实践中引导学生体验。进阶教学需要教师有意识地在教学过程中结合教学内容，让学生主动地进行观察、实验、猜测、验证、推理和交流等实践活动。深化学生的切身体验，培养学生的实践能力。

如：为了让学生掌握"角"的基本特征，教师组织学生进行了"摸角—画角—说角"的活动。先让学生拿出三角板，任意摸一个角，想一想有什么感受；接着把这个角描下来；最后和同桌互相说一说角的边和顶点在哪儿。学生通过摸一摸、描一描、说一说的活动，真切体会到"角有一个尖尖的点，有两条直直的线"。至此，学生对角有了更加清晰的认识。紧接着，教师先用多媒体演示画角程序，再引导学生和自己一起用手在空中画角，同时强调画角有个3步骤：先画什么，再画什么，还要画什么。最后，让学生按照画角的步骤动手每人画一个角。为了帮助学生运用所学的知识解决数学问题，在亲身实践、独立思考的氛围中，由倾听、质疑，直至豁然开朗，教师依次画了三个有代表性错误的角：两条边没有相交；顶点处是一个圆弧；有一条边是弯的。看到老师画的角，教室里一片哗然，同学们激动地帮助老师纠错。在他们的判断和指导下，教师最终画出了一个个准确的角。①

"眼见百遍，不如手做一遍。"在教学过程中，教师应该加强对学生的实践操作训练，让学生在实践中感知，充分发挥学生的潜力，让学生通过自己的努力解决问题获取知识，教师再引导学生到实际中验证，到生活中运用。教师应注重知识与实践活动相联系，充分利用学具、多媒体进行直观教学，给学生创设宽松的学习氛围，激发学生的学习兴趣，使学生在学习中始终保持兴奋愉悦、渴求思索的心理状态。如此，学生对所学的知识就会理解得更深刻，掌握得更牢固，同时发展了学生的思维，培养了其动手操作能力，从小形成实践意识。

三、在进阶教学中落实学生创新精神的培养

传统教学总是习惯性地把教师的个人知识摆在高高在上的位置，而学生的个人知识，只属于他们的独特文化世界，不被关注，"异想天开"的想法被毫不留情地隔离在教科书和分数高高的围墙外。久而久之，学生的个性、批判精神和创新意识就被驱赶得无影无踪。教育界似乎已经了解到这种畸形教学方式的弊端，因此提倡调换师生的位置，把学生摆在首位进行教学。进阶教学作为一种新理念教学，强调教师在教学过程中尽可能多地联系生活实际，重视学生的内心体验。不再给学生呈现过多的"是什么"，而是"应该是什么"，还他们自由思考的权利，促进个性发展，培养批判意识和创新精神。

---

① 博迪.基于学生实践能力培养的体验式教学模式的应用与研究[J].内蒙古农业大学学报（社会科学版），2012，14（4）：127－128.

如：在教学"分数、小数加减混合运算"这一节时，当归纳出了分数、小数加减混合运算的方法："分数、小数加减混合运算，可以根据题目的具体情况先把分数化为小数，或者先把小数化为分数，然后再进行计算。"这时有一位同学提出问题，举出一例：1/3+0.8+2/3 可先将 1/3 加 2/3 得 1 与 0.8 相加即可，课堂一下沸腾起来。一位又以 5/32+0.125 为例，十分有创见地说："此题中 5/32 虽能化为有限小数，但较繁又易错，可以把 0.125 化为 1/8 再计算较简便。"这两位同学的独创算既合理又巧妙。当时我给他们两个以高度评价，称赞他们向缩思维步骤的敏捷性，鼓励他们敢于寻找新颖解法的创新精神，给其他同学树立一个善于动脑筋、大胆创新的典型。[①]

陶行知先生说过，创造力最能发挥的条件是民主。的确，民主、和谐的课堂氛围是促进学生进行创新的先决条件。当学生在课堂获得了充分的"心理安全"和"心理自由"，他们才敢"异想天开"。所以，在教学过程中，教师要注重营造民主、和谐的课堂氛围，为学生创设轻松愉悦的心理环境，树立学生创新的自信心，激发他们迎接挑战、探索求知的欲望。教师应热爱、尊重和信任每位学生，鼓励学生各抒己见，大胆提出创造性的想法。当学生的想法明显不对或不够完善时，教师则应首先肯定他们的创新意识再给予纠正，使学生产生积极的情绪体验，维持创新的热情。

综上所述，进阶教学主张学生以积极的心态参与到教学过程中，

---

① 黄雁鸿.让学生体验并感悟数学知识的形成过程[J].宁夏教育，2014（2）：47.

去发现，去探究，去实践，在自己发现和探究的过程中获得知识，获得创造性的体验。进阶教学打破了以往教学的僵硬模式，培养了学生的探究能力、实践能力和创新能力。这也正是发展学生核心素养所要求的。

第六章 教师在"生疑－绽思－活用"进阶教学中的地位分析

科学分析教师在"生疑－绽思－活用"进阶教学中的地位，有助于"生疑－绽思－活用"进阶教学的有效实施。"生疑－绽思－活用"进阶教学模式的建构，是对传统课堂教学模式的突破，也是一次课堂的革命。在课程改革深化的背景下，传统课堂教学所存在的种种弊端，值得广大教育者的深刻反思。相比于传统课堂教学，"生疑－绽思－活用"进阶教学在教学理念、教学模式、教学方式等方面进行了创新和重构，教师有了合理的定位，也发挥了应有的关键作用。"生疑－绽思－活用"进阶教学的实践与创新，也为课堂教学改革中教师角色转型提供了颇具借鉴价值的范本。

第一节 传统课堂教学的弊端及反思

传统课堂教学主要是以教师的主动讲授和学生的被动反应为主要特征，教师往往注重通过语言的讲述和行为的灌输来实现知识的传授，在教学过程中教师的主导地位突出，而学生的主体地位却被习惯性地忽视。在这种教学模式下，课堂教学往往过于单调刻板，教师搞"一言堂""满堂灌"，学生的学习地位得不到充分的体现和尊重，即使他们在学习过程中有自己的看法，也往往不敢表达。著名学者袁振国在其著作《课堂的革命》中对传统课堂教学做过深刻阐述：传统课堂造就了传统的师生关系。在教学中，教师是主动的，是支配者，学生是被动者，是服从者。教师、学生、家长以至全社会都有一种潜意识：学生应该听从教师，听话的学生才是好学生；教师应该管住学生，不能管住学生的教师不是好教师。因此，传统的课堂教学存在诸多弊端，严重忽视了教学中的情感因素，无视中小学生心理发展的正常需求，严重束缚了学生学习的积极性、主动性和创造性的发挥。随着新课改的深入推进，必须针对传统课堂教学的弊端进行反思，开展行之有效的课堂教学改革。

一、传统课堂教学的弊端

在传统课堂教学中，教师是高高在上的主宰者，而学生是俯首听命的"臣民"。教师授课变成了舞台剧的表演，教师是主角，学生是配角、是听众。教师采用的教学模式往往是"一言堂""满堂灌""说教式"等，学生很少能自由地学习，常常是被动地接受知识。这种僵化、刻板的学习氛围，无疑成了学生学习的枷锁，学生的思维受到扼制，个性受到压抑，从而产生厌学情绪。教师这样的角色定位，显然已经不能适应新课改的要求，必须转换。与传统教学相反，进阶教学则是充分尊重学生的主体地位，让学生唱主角，让学生自己主宰课堂。

（一）教学理念：单调的"标准化"导致故步自封

传统课堂的"教"，多是照本宣科，教师只把学生当作接受知识的容器，由于受教学活动计划性、预设性的影响，学生和教师的活动总是受教案的束缚，教师不敢越出教案半步。教师的教和学生的学在课堂上最理想的进程是完成教案，而不愿节外生枝。教师总是希望学生能够按照自己课前设计好的教学方案去展开教学活动，每当学生的思路与教案不吻合时，教师往往会千方百计地把学生的思路"拽"回来。教师期望的是学生按教案设想做出回答，努力引导学生得出预定答案。整个教学过程就像上紧了发条的钟表一样，什么时间讲授，什么时间提问，给学生多少时间回答问题等都设计得丝丝入扣。于是，我们常常见到这样的景象："死的"教案成了"看不见的手"，支配、牵动着"活的"教师与学生，让他们围着它转；课堂成了"教案剧"演出的"舞台"，教师是主角，学生是配角，大多数学生只是不起眼的"群众演员"，很多情况下只是"观众"与"听众"。在整个教学过程中看不到教师的随机应变，看不到对学生思维出现阻碍时的点拨。教学过程好似一杯淡而无味的水，观后不是让人拍案叫绝，为之喝彩，而是让人觉得索然无味。

过去，许多教师在备课时，往往首先考虑教师怎样教，特别是有人听课时，考虑的是怎样把听课者的眼球吸引到老师这里来，怎样把老师的看家本领在一节课上都展示一下，教师的主角意识浓厚，表演欲望太过强烈。教师往往把教学过程看成是学生配合教师完成教案的过程，一定程度上忽视了学生作为学习主体的存在，忽视了学生是重要的课程资源。由于教师课前忽视了对学生情况的分析，所设定的教学起点，与实际的教学起点有时不相吻合，等到上课时，好多东西都是学生早已知道的，很难看到教学过程的动态生成，很难看到富有生命活力的课堂。

（二）教学模式：流行的"填鸭式"导致疲于应付

传统的课堂教学过于强调教师的主导作用，而忽视了学生的主体地位，存在"填鸭式""满堂灌""独角戏"等弊端，从而剥夺了学生自主学习的良机。教师的"一讲到底"限制了学生创造性的发挥，师生"一问一答"剥夺了学生与学生之间的合作。在课堂上，学生没有足够的思考时间；学生思维的空间得不到保证，或暗示或指点，带有答案的问题较普遍，学生张口便能吃到"果子"；新知识的得出过程，重教师的演示、推导，轻学生的主动参与；一题多练的练习，局限于教师心中的一两种答案，不同的思路受到冷落；有时课堂上虽有读书、质疑的安排，可不等学生看完又匆匆布置作业，等等。

在传统的课堂教学中，学生学习方式单一、被动，学生的学习方式缺乏个体性，教师与学生之间、学生与学生之间经常处于一种紧张甚至对立的状态，信息交流处在一种不畅通的状态，课堂上很少看见师生的交流、观点的交锋和智慧的碰撞，学生的学习始终处于被动应付状态。学生缺少自主探索、合作交流、独立获取知识的机会，很少有机会表达自己的理解和意见，致使课堂气氛沉闷、封闭。

（三）教学方式：枯燥的"讲授式"导致南辕北辙

传统的教学方式把学习建立在学习者的客体性、受动性和依赖性的基础之上，过多强调的是如何教。在传统的课程观中，课程内容规定着"教什么"，而教学则负责"怎样教"，课程与教学的界限泾渭分明。课程内容由政府和学者专家判定，教师的职责是踏实而有效地传递课程内容，是课程的实施者，很少有机会发挥自主性，只能跟在课程计划的后面亦步亦趋，扮演着"执行者"和"传声筒"的角色。

教师不是"用教科书教"，而是"去教教科书"；在教法上，不是多种媒体综合运用，而是单一地讲授；不是"以培养创新精神为核心"，而是"以传授知识为核心"；不是"学生本位"，而是"教师本位"，没有把学生置于教学的出发点和核心地位。在传统的教学中，教师负责教，学生负责学，教学就是教师对学生单向的"培养"活动。教学关系就是：我讲，你听；我问，你答；我写，你抄；我给，你收。在这样的课堂上，"双边活动"变成了"单边活动"，教代替了学。

二、传统课堂教学的反思

传统课堂教学存在诸多不足之处，主要体现在三大方面：教学理念陈旧，教学模式僵化和教学方式呆板。这跟新一轮基础教育课程改革的要求与趋势不相适应，直接导致了学生的学习兴趣消退、课堂教学效益降低，无法支撑起教育高质量发展。因此，传统课堂教学理应进行深入反思和改革：一是教学理念需要革新；二是教学模式需要创新；三是教学方式需要转型。

（一）教学理念需要革新

教学理念是对认识的集中体现，同时也是人们对教学活动的看法和持有的基本的态度和观念，是人们从事教学活动的信念。教学理念有理论层面、操作层面和学科层面之分。明确表达的教学理念对教学活动有着极其重要的指导意义。当前,不少教师仍旧囿于传统教学观念,教学应付了事,照本宣科,平淡枯燥。课堂教学改革要落地,教学质量要进一步提高,教师的教学理念革新无疑是关键前提。有些教师认为,教学理念是虚无的,难以转化为教学实践。诚然,任何一种教学理念的生成或转化都不是轻而易举的事情,除了教师主动地学习努力之外,更需要学校层面的系统建构和整体推进。特别是随着新一轮基础教育课程改革的深入开展,促使教师们的课改理念向教学实践转化,成为校本教研的一项重要任务。

为了革新教师们的教学理念,开拓教师们的教育视野,提高他们的理论水平和业务素养,学校应购置大量的有关教育教学理论书籍,组织全体教师积极参与读书活动。通过读书活动,教师们对先进理念有了更深的理解,教育教学以及管理的手段得以不断丰富,在学习和实践中不断进步。此外,学校应抓实校本培训工作,实施"走出去"和"请进来"的培训策略,让教师们充分地学习专家名师先进的教育理论和教学思想,充实与更新教育教学理念。

(二)教学模式需要创新

教学模式是指依据一定的教学思想和教学理论而形成的,相对稳定的、系统化和理论化的教学活动的范型。教学模式是教学理论联系实际具体化,又是教学经验的一种系统的概括。它既可以直接从丰富的教学实践经验中通过理论概括而形成,也可以在一定的理论指导下提出一种假设,经过多次实验后形成。新形势下,"填鸭式"教学模式已经难以适应教育改革发展的需要。教师应紧以课堂为主阵地,紧跟课堂教学改革的步伐,学习新理念,在教学实践中反思、总结和提炼，探索适合教学实际的新型教学模式，解决教学实际问题，并提高自身的教学教研能力。

当然，教师单凭自己的专业知识、教育理论基础和原有教学实践经验是不够的，难以解决课改过程中出现的大量实际问题。教师必须在教学实践中不断进行研究，把抽象的教育原理与具体的教学实际结合起来，形成自己优化的实践教学模式。教师要充分发挥主动性和创造性，批判地、系统地考察自己的教育教学实践，认真分析、研究教育教学实践中遇到的问题，努力使自己成为研究型教师，走上自主发展的道路。在学校层面，学校管理者应整合教师群体的力量与智慧，充分发挥教研组的作用，以课题研究为抓手，邀请专家定期指导，积极开展课改研究实验，稳妥推进教学模式创新，推进课堂教学深度转型，提高课堂教学实效。

（三）教学方式需要转型

教学方式是指为达到教学目的，实现教学内容，运用教学手段而进行的，由教学原则指导的一整套方式组成的、师生相互作用的活动。教学方式亦即教学方法的活动细节。教学过程中具体的活动状态，表明教学活动实际呈现的形式。传统的教学方式一般以组织教学、讲授知识、巩固知识、运用知识和检查知识来展开。在新一轮基础教育课程改革理念下，这种枯燥的"讲授式"教学方式，缺陷越来越显现出来，显然难以达到激发学生学习动机、提高课堂教学效益的目的。教师的教学方式直接影响着学生的学习方式。没有教师教学方式的转型，就很难有学生学习方式的转型。因此，教学方式转型，已成为深化课程改革迫切需要解决的一道难题。

教师的教学方式转型可从五个方面入手：一是变"组织教学"为"动机激发"，其目的是让学生在师生交往的情境中，受到某种刺激，对将要学习的内容产生需求的欲望，进而形成学习的动机；二是变"讲授知识"为"主动求知"，其目的是让学生摆脱教师那种生浇硬灌的教学模式，掌握学习的主动权，根据自身的实际来选择、探求蕴藏在教材中的知识；三是变"巩固知识"为"自我表现"，其目的是让学生免除机械记忆、重复练习之痛苦，以自我表现的形式消化、深化知识，张扬个性，加强合作；四是变"运用知识"为"实践创新"，其目的是让学生打破书本的局限，突破经验教训的禁锢，不做知识的奴隶，着力培养自己求异、求新的创新思维和敢疑、敢闯的创新精神；五是变"检查知识"为"互相交流"，其目的是让学生通过同学间、师生间的学习体会和情感体验的交流，总结知识，体验学习方法，感受学习的酸甜苦辣。教学方式转型，可跟教学模式创新同步实施，最大限度地发挥教学改革的效能。

第二节　教师在"生疑－绽思－活用"进阶教学中的合理定位

课堂教学是师生双边互动，情感交流碰撞的过程。在"生疑－绽思－活用"进阶教学中，教师不能以领导者自居，不能以命令式的口吻和学生探讨问题。师生间的关系应该是相互尊重，平等协作的。教师要准确地给自己定位——学生课堂学习的促进者、组织者和指导者。

教师要放下架子，把课堂还给学生，把学习的自主权交给学生，为学生搭建学习支架，创造良好的课堂学习条件与氛围，使学生快乐学习、有效学习，真正提高认知水平，发展核心素养。

一、教师要把课堂还给学生，做学生学习的促进者

课堂是学生的，而不是教师的。新课改下，教师要转换自己的角色，就要把课堂还给学生，从知识的传授者转变为促进者、引导者；由"信息源"向"信息交换平台"转变；从"挑战者"向"应战者"转变，即教师不再局限向学生问问题，而是引导学生提问题；从"统治者"向"平等中的首席"转变，从传统的"神坛上"走下来与学生融为一体，与学生在同一平台上互动研究、共同体验，在平等的交流中做"裁判"，在激烈的争论中做"首席"；从"舞台剧的主角"转变为"导演"；从"独奏者"变为"伴奏者"。在教师的角色转换下，学生最终成为课堂的主体，成为知识的发现者、创造者。

但是，进阶教学强调教师的角色转换，并不是让教师当"放手先生"，而是当好组织者、引导者和促进者的角色，帮助学生快乐地、顺利地、高效地学习。学生毕竟是学生，其认识、行为上的不成熟和由于年龄、阅历造成的自然缺陷以及其他方面的原因，决定了学生在学习过程中必然会遇到一些仅靠自己难以解决的问题和障碍。这就需要教师及时地发挥教师的引导、矫正、激励、鼓舞等作用，让学生的学习变得科学、有序。

例如，在北师大版三年级下册《有趣的推理》一课的教学中，谢小花老师将生活中的简单推理知识巧妙地寓于游戏活动之中，既激发

兴趣，激活思维，又让学生初步体验了有理有据的思维过程。在"合作探索，体验推理"环节，谢老师以"他们究竟在哪层楼"为主题，设计推出了"艺术楼总共有三层，小明、小华和小东他们分别都藏在了其中一层楼。小明不是在三楼，小东在二楼，小华不在一楼"的信息，让学生们尝试直接推理，同桌之间互相交流各自看法，自悟其理，主动筛选获取信息，围绕"能否确定小东、小明和小华在哪一层楼"进行思考探讨，开展"找一找"活动；然后再为学生提供表格，让学生借助表格进行推理，通过"学生汇报、其他同学质疑或评价"体会表格的优越性；最后总结推理的过程。让学生原有的知识经验"活化"，借助表格进行推理，使比较抽象复杂的推理过程变得简单直观，易于交流表达，从而使学生较易掌握了"列表法"推理判断的知识技巧。

课堂的生命力，在于教师尊重学生的人格，由居高临下的权威转向"平等中的首席"，把"话语权"还给学生，与学生平等对话，让学生在学习中体验、在体验中学习。在新课程中，传统意义上教师的教和学生的学，将不断让位于师生互教互学，彼此形成一个真正的"学习共同体"，教学过程不只是忠实地执行课程计划（方案）的过程，而是师生共同开发课程、丰富课程、拓展与实践课程的过程。教师要组织好这一教学过程，最重要的是教师本身的角色转变。新课程为教师的角色转换提供了良好的契机，进阶教学为教师的角色转换创造了理想的条件。教师要更新教学观念，不断完善自我，提升自身素养，主动研究设计全新的教学思路，构建平等、民主、和谐的师生关系。努力营造轻松、快乐、宽容的课堂氛围，帮助学生真正成为学习的主人，融入学生的体验活动，与学生共学共长，促进课堂走向新境界。

二、教师要把学习的自主权交给学生，做学生学习的组织者

建构主义认为，学习不是知识由教师向学生的传递，而是学生建构自己的知识的过程，学生不是被动的信息吸收者，而是主动的建构者，这种建构不可能由他人代替。根据建构主义学习观，教师讲课不宜过细，要给学生留出思考、探究和自我开拓的余地，引导他们独立地思考问题，鼓励他们主动地钻研问题，使他们有效地实现自主学习，愉悦地接受知识，掌握技能。在新课改下，课堂教学应当是教师指导学生自己学习的过程，自己阅读教材，自己思考问题，自己知因预果，或知果寻因。学生是学习的主体，而教师是学习的组织者、引导者。教师不再是单纯传授知识，解答疑惑，而是引导学生自己去发现、探究知识。在引导学生自主学习时，教师应该以生为本，充分发挥学生的主体作用，鼓励学生参与学习。这样，教师才教得轻松，学生也才学得快乐。

例如，在北师大版数学四年级上册《我说你搭》一课的教学中，叶老师首先巧妙创设情境，让学生通过观察课件一个立体图形，回忆上节课学习的知识，从中引出它的逆知识——面变体，也就是新知。叶老师提供了丰富活动和游戏，分别是"笑笑说学生搭""帮淘气搭"和"组长说组员搭"，通过游戏让学生在问题和实践中突破本节课的重点和难点，让学生一步一步地搭出符合要求的立体图形，从中体会到一般情况下只有知道3个面才能确定立体图形，掌握面变体的方法。

这样不但培养学生"想象—体验—验证"的动手操作数学思想，而且培养他们的合作精神，养成良好的学习习惯。最后，叶老师精心挑选了典型练习题去巩固学生的知识，使得学生深入去理解了本节课的重难点，开启绽放学生的智慧。在本节课中，学生在快乐中体验，在愉悦中感悟、内化，发展了空间想象能力，并在实践中积累了数学活动的经验。

在课堂教学中，教师要充分尊重学生的个性体验，把学习的自主权交给学生，让学生自己对知识内容的领悟取代教师的讲解分析，让学生自己的独立思考取代统一答案，让学生自己的感性体验取代整齐划一的指导。整个教学过程，为张扬学生个性、激扬学生灵性而服务。美国心理学家和教育学家杰罗姆·布鲁纳认为，教学过程就是在教师的引导下学生发现的过程。要求学生利用所给定的材料，主动地进行学习，强调要自我思考和探索事物，而不应消极地去接受知识，要像数学家那样去思考数学，像历史学家那样去思考历史，亲自去发现问题的结论和规律，成为一个发现者。可见，当学生对学习产生兴趣，他就能主动地学习，去思考，去探索，去发现，从中获取知识，解决问题，进而养成自觉主动学习的习惯。新课程的核心理念是以学生发展为本，让学生主动参与。因此，教师要想让学生自觉主动地学习，首先必须让学生得到"自由"，然后在学生"自由"的基础上，教师想方设法点燃学生学习的激情，培养学生的学习兴趣。这样才会让学生自己认识到学习的趣味性和必要性，也才会自觉主动地学习了。

三、教师要为学生搭建学习支架，做学生学习的指导者

进阶教学需要教师为学生搭建学习支架，做好指导者的角色，帮助学生一步步探究知识，解析问题，开拓思维，培养能力。支架，即是指维果斯基社会文化学说中的脚手架，是为学生学习提供帮助和支持的有效材料，如提供学习方法、途径、方向，提供模仿的对象、范例，提供使用的工具，提供观察的实物等。脚手架或许是一种教学策略和教学工具，也或许是一种教学方案和教学方法。脚手架理论认为，应当为学习者建构对知识的理解提供一种观念框架。这种框架中的观念是为发展学习者对问题的进一步理解所需要的。搭建支架有助于学生分析和认识学习任务，能更有效地帮助学生进入学习情景，更充分地进行同伴互学，对促进学生意义建构和思维发展起到有效的支持和帮助。实践证明，借助支架可以帮助学生有效地进行信息归类、结构梳理、框架设计，让思维可视化，从而有效推进学生高阶思维发展。进阶教学模式搭建的"台阶"，就是脚手架，帮助学生对核心知识一步步加深理解，促进能力加快提升。

例如，在统编版小学语文二年级看图写话《猫和老鼠》的行动研究课中，邓淑燕老师紧扣统编教材写话教学的特点，基于进阶教学模式精心设计了"指导看图，生疑初探——大胆想象，绽思深究——编写童话，活用提升"三个主要环节，教学中很好地运用了活动体验、情境体验、想象体验等策略，搭建了"以说促写"的学习支架，启发学生质疑"猫在干什么？""他想要干什么？""他看到电脑会怎么做？会想做什么？"通过一连串的问题引发学生们的发散思维，再根

据学生们的回答提炼有价值的问题,让学生们去讨论解决问题,在这个过程让学生们的思维得到碰撞,相互补充交流想法,搭建起想象的空间,让画面内容更加丰富,从而实现了思维进阶。在指导学生写话时,邓老师设计了一个"写话填空"环节,给学生提供了一张具有三个星级梯度的"写话卡",为学生搭建了写作支架,使不同层次的学生根据自己的写作水平完成相应的写话任务,促进自身写作能力的进阶。

在课堂教学中,提供支架的过程,是教师和学生、学生与学生之间交互作用的过程。学习支架有助于学生分析和认识学习任务,能更有效地帮助学生进入学习情景,更充分地进行同伴互学,对促进学生意义建构和思维发展起到有效的支持和帮助。最近发展区理论指出,教师设计支架时,要在学生实际发展水平的基础上,为学生搭建支架,让学生由此向潜在的发展方向推进。在设计和操作中,教师要有效分析学生的最近发展区,努力界定学生的"实际发展水平"和"潜在发展水平"。学习支架设置的水平,在很大程度上依赖于学生的已有发展水平、在学习中的自主性和独立性的发挥程度以及对学习支架的熟悉程度。在搭建支架时,教师有必要在教学前对学生各方面的基本情况有一个大体的了解。这既关系到支架应设置的水平,更直接地关系到支架在教学活动中应用的最终成败。

在课堂教学中,当学生的思维遇阻时,教师可以通过设置合理的学习支架,进行适当的点拨和启发,巧妙地将学习目标嵌入学生的最近发展区,帮助学生参与假设、整理信息和思考辨析等,引导学生发现"问题"的实质,并通过"问题"解决深度激活学生的思维。

第三节　教师在"生疑－绽思－活用"进阶教学中的关键作用

作为教学的"设计师",教师在"生疑－绽思－活用"进阶教学中的作用很关键,课堂教学不再仅仅是传授知识、训练技能的过程,还应该是师生生命成长的过程。教师要有与时俱进的教学思想,确立生本思想,以学生核心素养的发展为追求,处理好"教"与"学"的关系,努力实现教师是教学活动的策划者,教学过程的调控者,学生发展的促进者,才能让我们的课堂更加有效,学生的能力才能不断得到进阶。

一、营造开放的学习氛围

所谓"开放式教学",是教师在教学活动中以生为本,从培养学生学习的思维和能力出发,开放性地设计教学过程,以激活学生主动地去发现、探索和想象,形成良好学习品质、创新意识和实践能力为目标的一种教学活动。开放式教学法鼓励学生的个性发展,注重思维的开放性。开放式教学法强调形式、内容和空间的开放,让学生在宽松、灵动的教学氛围中探索知识,激活思维,拓展视野,激发学习动机,让学生的学习能力在老师搭设的"台阶"中得到锻炼和提升。

开放的学习环境能给学生提供大胆地提问、自由地想象、自如地讨论的空间,是培养学生自主探究、勇于创新的重要条件。为此,在

"生疑－绽思－活用"进阶教学中就要求教师根据教学内容、特点，以开放式教学法为学生提供自主探究性学习的"台阶"，关注学生的深度学习，让学生在课堂上真正动起来，创新意识活起来，思维能力不断进阶，并让学生的反馈能够及时地得到评价。"生疑－绽思－活用"进阶教学就是让开放成为课堂活力的诗意追寻，努力实现课堂的自由度大，引导性好，灵活性强等特点，培养学生发现问题、思考问题、解决问题乃至创新的能力。

例如，在教学《认识面积》时，教师的教学内容可以是这样的：一个箱子的长宽高分别是10分米、5分米、5分米，另一个是10分米，8分米、6分米。那么这两个箱子哪一个更加适合汽车的装载运送呢？（图中的汽车也隐藏着长、宽、高了）这样的开放题学生只有结合实际情况，考虑到箱子的体积大小和汽车、卡车空间性等问题，发挥想象，才能得出一个比较合理的答案。当然，每一个学生的设计方案不同，也就有不同的答案。

又如，教师在设计一道数学生活题时，给出五个条件："有一篇文稿有5000个字"，"小杨需要50分钟打完"，"小林需要60分钟打完"，"小李每分钟能打40字"，"小王每分钟能打50字"。让学生从上述条件中选择3个，从不同的角度提问。这样，为学生提供自由的思维空间，不同程度的学生提出的问题也就有易有难，可以培养学生多角度看待和分析问题的思维能力，构建一个开放且富有活力的课堂学习环境。

常规的教学基本是封闭式的，主要体现于集中地管理学生，使学生处于被动状态，在一定程度上限制了学生学习的自主性和创造性，个性思维发展受限。而教学过程是师生教与学的过程，本身就是动态的、不确定的、开放式的，因此，在"生疑－绽思－活用"进阶教学中，开放式的教学就是顺教学规律和人的发展需求而行的。教师应深入把握学科特点，研究教材，研究学生，根据学科素养的发展方向，根据学生的身心发展特点及现有的能力，从培养学生的思维能力着手，精心设计问题。如语文的"本体性设计"、数学的"问题的驱动性"、科学的"现象的真实性"、音乐的"本位性感知"等，都是很好地聚焦"问题"来设计的。有价值的开放性问题能调动学生的学习兴趣，使学生在探究交流过程中锻炼思辨和创新能力，促进学生个性化、全面化发展。

二、聚焦绽思的高阶维度

为什么学生的高阶思维建立不起来？这是一个重要的教育话题。因为长期以来，教师对学生思维的培养不够重视，课堂教学还是以"知识"为本位，教师基本是进行"灌输"或"填鸭"教学，学习方式单一，学生死记硬背，课堂教学处于低阶思维水平上。如果一节课全是低阶思维活动，那么学生的参与度和发展度肯定不够，学生的核心素养怎么能得到落实呢？因此，在课堂教学中，要关注学生思维的层次性，关注思维的进阶，特别是高阶思维，让学生在活动中绽放思维，张扬个性。实现在培养学生低阶思维的同时，让学生的高阶思维也得到更好的发展。

低阶思维主要指的是记忆、理解、应用，高阶思维指的是分析、评价、创造等能力。思维的品质之一就是思维的独立性，其表现为一个人能够独立地进行思考和评价，创造性地去认识现实，寻求解决问题的新途径和新方法，从而提出新的解释和结论。与思维的独立性相联系的是思维的批判性。思维的独立性和批判性是创造活动必须具备的智慧品质。由此可见，高阶思维不是靠教师"灌"出来的，而是学生通过自我建构，深度学习，高阶思维才会发生。因此，作为教师就应该聚焦思维的高阶维度，改进自己的教学方式，在培养学生低阶思维的同时必须努力发展高阶思维。

例如，在教学五年级《分数的意义》之后，教材中有这么一道题：1/3>（ ）>1/4。请看不同的老师的教学方法。

教师 A：直接照本宣科的"灌输"

师：同学们，这道题分母不同，我们要先通分是吧？也就是"4/12、3/12"，不行！继续通分，就是"8/24、6/24"，这样就可以找到答案"7/24"。

这样的"灌输"，学生会主动去尝试和深入思考吗？学生的思维会灵活吗？

教师 B：带领少数学生的探究

师：同学们，这道题怎么做呢？谁来说一说？（根据学生的回答，教师板书通分后的"8/24、6/24"，填入"7/24"）除了"7/24"，还能填什么？（有学生说通分到48，就可以填出2个，教师又板书）还能填什么？（有学生说分母是240、24000……教师借此让学生理解可填无数个）

这样的教法只有部分优秀学生的思考和回答，方法单一（通分法），学生经历的思考和探究并不充分，课堂的主动权并没有真正还给学生。

教师C：寻求思维方法的多样

师：同学们，自己开动脑筋，想一想、写一写吧！（待很多学生都想出了一种方法后，教师继续提醒：再想一想还有其他方法吗？然后同桌交流一下。）

师：谁能上台来介绍各自不同的方法？

生1：展示"通分法"，教师结合学生的回答追问，引导学生理解有无数个答案。

生2：展示"分子扩大法"（如分子都化为2），教师追问，引导学生理解有无数个答案。

生3：展示"化小数法"（将两个分数化为0.333……和0.25，从它们之间找答案），教师肯定这种"转化"的思路，答案同样有无数个。

这当中，学生不仅深刻而较全面地建构了知识，还充分经历了方法多样化的过程，增强了对思维灵活性的体验。

教师D：关注学生思维的发展

教师C的教法可以说不错，不过教师D的教学方式更加关注了学生思维的发展性。

师：同学们，你们已经想出了三种方法，还能想到不一样的方法吗？（教师D在备课时预设了在教师C基础上的教学跟进）

学生再次深入思考和探究。新方法出现了——"分母取小数法"。例如，分母取3.5，分子是1，也就是1/3.5，再化成2/7。其他学生受到启发，纷纷想到分母只要是3和4之间的小数都行，有无数个答案。

显然，教师D的教法比教师C更有深度。不但多了一种解答方法，还关注了学生思维的发展（此处所体现的是求异、创新等高阶思维）。

教师 E：聚焦内在知识的联系

教师 E 就"分母取小数法"再进一步挖掘，于是在教师 D 的基础上又进了一个层次。

师：观察 1/3>2/7>1/4，有什么发现吗？（学生发现 1+1=2，3+4=7）

师：这太妙了。这种方法还适用其他题目吗？（学生意见不一，教师让学生"猜想"，举例验证。）

展示：1/4> 2/9 >1/5、1/2>2/5>1/3 等，学生发现都适用。

学生通过交流讨论，发现这个方法相当于"分子扩大法"——两个分数的分子都扩大到 2，分母也随之扩大，而原先两个分母的和正好处于中间。

教师 E 的巧妙教学跟进，聚焦知识内在的联系，学生的深度思维能力得以绽放。

教师 F：深入探究知识的内涵

教师 F 在前面的基础上又注重了高阶思维的挖掘，让学生寻找知识的内涵。

师：同学们，刚才得到的方法，可以用字母表示吗？

学生很快就得到 $1/a> 2/(a+b)>1/b$（a、b 是不为 0 的连续自然数）。

师：同学们还有什么疑问吗？

生 1：分子不是 1，分母不是连续的自然数，这方法行吗？

生 2：带分数也可以这样填？

生3：这方法适合所有的分数比大小吗？

……

师：有了猜想，怎样验证呢？请同学们课后继续研究。

这样，学生的抽象思维得以发散和深入，使高阶思维得到发展。在"生疑—绽思—活用"进阶教学中，教师要根据知识的层次性和学生思维的深入性，对学生学习过程重构，通过一定的方法和策略把学习的主动权让位给学生，要让学生通过自主地开展建构活动，积极主动地逐步深入学习，绽放思维。为了让学生真实地经历学习知识形成的过程，教师可以通过情境学习、问题牵引、任务驱动等指向高阶思维目标，给学生提供脚手架（台阶）的方式，层层递进，步步深入，使学生在分析问题、解决问题的过程中训练自己的高阶思维。

三、发挥有效的激励评价

教学评价的主要目的是为了全面了解学生的学习历程，关注学生学习的水平、情感和态度，激励学生的学习和改进教师的教学。因此，教师在"生疑—绽思—活用"进阶教学中的评价要聚焦于收集"学生是否进行了深度思考"的信息，关注学生"学习进阶目标达成情况"的信息，适时把握激励评价时机，在评价中努力体现主体多元化，内容多维化，方法多样化，深化学习过程评价，将学生互评和教师评价相结合，量化评价与质性分析相结合，形成性评价与终结性评价相结合，体现"多元整合"，加大学生参与思维活动的深入性，让评价成为学生学习能力发展的"催化剂"。

随着学生的知识渐多，能力渐强，教师更要认真研究教材，研究学生，把握教材的设计意图，关注知识前后之间的关联。在教学中，教师要善于做真实学情的发现者，要善于发现课堂生成的亮点和疑点，关注学生学习的难点，发现学生学习的易错点，把握学生对知识掌握程度的切入点，通过精准评价，有效激励去引导学生理解、比较、质疑、辨析、归纳所学知识之间的联系，使学生的低阶思维向高级思维发展，让学生主动去建构与获取知识，提升能力。

例如，在教学《梯形的面积》中，学生通过割补探究出梯形的面积计算公式，教师对学生的发现给予了肯定并追问：我们学过的平面图形面积计算公式都记得吗？这些平面图形的面积计算公式之间有没有什么联系呢？当学生发现长方形可以看成上下底相等的梯形时，梯形的面积计算公式就可以推导出长方形的面积计算公式。这时，教师发自内心的欣赏和表扬，学生很受鼓舞、兴奋。紧接着，学生又很快根据梯形的面积计算公式推导出正方形、平行四边形、三角形的面积计算公式。教师让学生一一展示、交流，互评互教，教师在惊喜学生思维的灵活性时，又追问：梯形的面积计算公式与圆的面积计算公式是否也有联系呢？从而把问题延伸到未知的领域，让学生遐想。教学并没有停止，教师又直追知识的本质：为什么梯形的面积计算公式与其他几个平面图形是通用的呢？既然梯形的面积计算公式可以通用，为什么其他图形的面积不都用这个公式来计算呢？引导学生深入理解知识的个性与共性、简捷性与复杂性，教师就学生在学习中的合作习惯、知识的理解、思维的灵活性和深刻性等都给予了发展性的评价。这当中，教师让学生探究梯形的面积计算公式只是浅层思维的"点"状提升；接着引导学生发现梯形的面积计算公式与其他几个平面图形联系，使学生的学习逐步走向深入，达到了思维的"线"上串通；最后延伸到圆的面积计算公式，并追问梯形的面积计算公式为什么可以通用，这就达到思维的"面"上的延展。整个学习历程从基本知识的"点"走向知识脉络的"线"和"面"，学生从"理解""运用"到"分析""评价"，经历了从浅层到深度的学习，增强了数学思维的深刻性，高阶思维得到重视和培养。这也得益于教师关注发展性评价，注重不断激发学生超越自我，突出评价过程化，促进学生发展。

在教学评价的实施中，我们要努力做到：一是既要体现教师的有效评价，也要突出学生这一评价主体，促进学生积极参与到学习过程中来，逐步向学习目标迈进，促进学生能力的发展；二是要着眼于一节课的整体评价，着眼于学生整体素质提高的评价，着眼于学科知识的联系，重视学生的学习兴趣、情感态度、心理素质、价值观的形成过程等素质的评价；三是要关注评价的动态性，把教学评价与改进课堂教学、提高教学质量紧密结合起来；四是要关注学生高阶思维、创新精神和实践能力等方面的发展评价，促进学生活泼、健康地成长。